③社以内で
確実に
決まる!

採用直結!

転職面接の絶対ルール

採用情報研究会 著

ナツメ社

採用に直結する面接対策本のスタンダード!
転職が決まる「絶対ルール」があった!!

転職面接の準備が今すぐに始められる!

- **どうやって情報を集めればよいのか?**
- **どうすれば面接がうまくなるのか?**
- **どう答えればプラス評価なのか?**

を具体的にわかりやすく解説しました。

職種、経験、年齢、状況別の実戦的な面接対策

- **自分の状況に合ったプラス回答ができる!!**
- **「よく出る質問」と「答え方が難しい質問」のNG回答とOK回答の比較ができる!**
- **「質問の意図」と「面接官の本音」がまるわかり!**

だから、採用をグッと引き寄せることができます。

未経験、第二新卒、異業種への応募者
中高年、フリーターなど、ハンデがある転職
実績豊富な人から職歴に不安がある人まで!!

【転職活動】必勝ステップ

STEP1 現状を変える努力をする

やりがいがないなど、仕事への不満なら、他部署の様子を見てから「異動願」を。パワハラ、セクハラは、上司、同僚や関連機関に相談。悩んでいないで、できることからやってみましょう。**現状を変える努力をしても、解決できない場合が、転職活動スタート**。再就職が決まらないことも多いので、**転職先を決めてからの退職**をお勧めします。

STEP2 転職先への希望条件を整理

応募の前に業界の常識と自分の実績や希望を考え合わせて、職種、年収、残業、休日など、待遇面の現実的なラインを調べた上で、「スキルを活かせるコンサルティング営業」、「完全週休２日制」など、**絶対に譲れない条件を必ず決めておきます**。自分はどんな仕事をして生きていきたいのか、じっくり考えてみることも大切です。現職の繁忙期でない時期に内定をもらえるよう活動します。

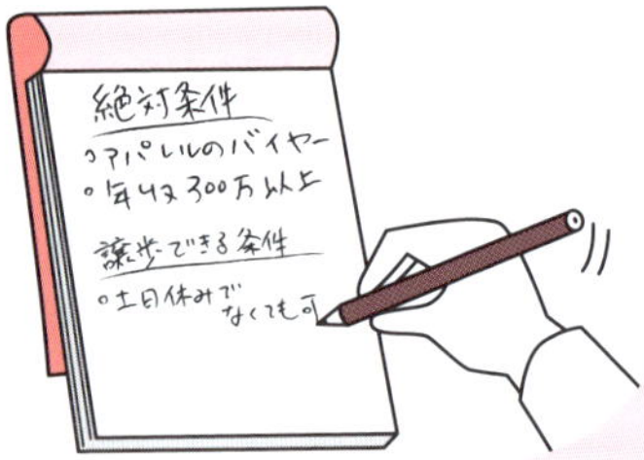

STEP3 転職先を探す

「求人を見てすぐ応募」してはいけません。**情報収集が転職成功の秘訣**。求人サイト、人材紹介会社、就職支援セミナー、転職フェアなど、情報源や相談先をフル活用して転職先を探します。
ブラック企業の知識がない人は「企業名」「業界名」+「ブラック」「DQN」などでネット検索しておきましょう。

STEP4 業界と企業の情報収集

転職先を選びながら、業界、会社、職種について徹底的に調べます。「業界名」「会社名」「職種名」+「課題」「待遇」「やりがい」「スキル」「社員の声」「ツイッター」など、さまざまな語句の組み合わせでネット検索して、情報を集めましょう。**自己PRや志望動機に使える表現はコピーしてストック**しておき、あとで応募書類や面接回答の材料にします。

〈転職を必ず成功に導く8つのステップ!〉

STEP5 応募書類を作成する

自分に合う応募先を決めたら、応募書類を練り上げます。若干名の求人に100人以上の応募も珍しくありません。会ってみたいと思わせる書類にしなければ書くだけムダ。他の応募者はどんな書類を書いているのかをネットや書籍で確認して、**面接をしてもらえる応募書類**に仕上げましょう。文章がうまい人に添削してもらうのもよいでしょう。

STEP6 本書で面接回答を準備する

面接で聞かれる質問は次の通り。

- **転職理由(→2章)**
- **経験・職歴(→3章)**
- **自己PR(→4章)**
- **志望動機(→5章)**
- **未経験などのハンデ(→6章)**

本書を読んで、プラス評価になる回答を準備しておくことが、面接通過の早道です。

STEP7 模擬面接をする

競争相手が何十人もいる中、練習もしないで面接を受けるのは、みすみす不合格になりに行くようなもの。**模擬面接(28ページ)**で、家族や知人に評価、採点をしてもらい、ビデオで自分の面接を確認・修正するだけで、面接スキルはグッとアップします。

STEP8 面接→内定→雇用契約を結ぶ

STEP7までで準備終了。面接が終わって内定の連絡が来たら、早めに返事をします。どうしても他の会社の結果を待ちたいときは「他社の選考も受けていますので、お返事をお待ちいただくことは可能でしょうか。○日までに必ずお返事します」と応募先の担当者に相談してみましょう。

内定承諾後、在職中なら現在の上司と相談して退職日を決め、転職先の会社にいつから出社できるかを報告しておきます。

転職先とは雇用形態、給与等を記載した書面(労働条件通知書など)で、条件を確認して労働契約を結びます。労働条件通知書がない会社もありますが、**条件があいまいなときは確認しておく**ようにしましょう。

(→184ページ)

転職のための3つの必勝条件

採用決定

ポイント

- 転職必勝の第１の条件は、応募先とのマッチング
- 転職必勝の第２の条件は、面接での第一印象
- 転職必勝の第３の条件は、プラスの会話

転職を成功させるための条件とはなんでしょう。もちろん本人の能力と実績は大切です。しかし、それはすぐに変えられるものではありません。あなたが現状で選び変えられる最も重要な条件は、

❶「応募先とのマッチング」

❷「面接での第一印象」

❸「プラスの会話」

の３つ。本書では、この３つの必勝条件を完全にクリアするための具体的な方法と実例を詳述しています。では最初に、この３つの条件がどんなもので、どうしてそれが効果的な対策になるのかを説明しましょう。

❶ 応募先とのマッチング

中途採用では、能力と実績が優れた応募者が合格するとは限りません。応募先の求める人物像に、よりマッチした応募者が合格するのです。応募先の募集理由は、緊急の欠員補充だったり、新規事業や業務拡張のための採用だったりするでしょう。例えば､小さな会社の総務部の欠員募集なら､経理歴 10 年以上のスペシャリストより、社内の「なんでも屋」になれる気配り上手な頑張り屋のほうが合格の確率は高いはずです。これが大企業の経理部の欠員募集なら、この２人の合否は逆になるでしょう。

転職成功のためには、自分が仕事上でできることや頑張れることと、応募先の業務とがマッチしていることが最も重要になるのです。そこをどのように面接でアピールするか、本書でしっかりマスターしてください。

❷ 面接での第一印象

面接での第一印象の重要性については、言うまでもないでしょう。面接開始５分間の印象で、合否は大きく左右されます。

また、最も手っ取り早く効果的に変えられるのもこの第一印象です。同じ俳優でも、違う身だしなみ・表情・口調で、性格や職業の違いを演じ分ければ、与える第一印象がガラッと変わりますね。本書では、模擬面接や身だしなみによって、合格する第一印象を作るノウハウを紹介します。

❸ マイナスの話は少なくプラスの話を多く

初対面の人と食事をしました。一人はあなたの好きな話題、あなたに有効な情報、心地よい褒め言葉を快活に話してくれました。もう一人は興味のない話題、役に立たない情報、自分のグチを陰うつに話してくれました。あなたはどちらに好感を持ち、いっしょにいたいと思うでしょうか。

面接も同じこと。面接官の好きな話題は「応募者の能力、実績、長所、意欲」、有効な情報は「応募者が自社で活躍できる根拠」、心地よい褒め言葉は「自社の長所と入社意欲」です。

しかし、面接官は合格させるために面接をするのではなく、合格者を選ぶために面接をしますから、「なぜ退職したのか」「なぜ未経験の業務に応募したのか」など、合格にプラスになる要素ではないことも話題にしようとします。これに付き合って、退職理由や育児と仕事の両立など、プラスにならない話題で面接時間の大半を埋めてしまったらどうでしょうか。まず、不合格になります。面接では、マイナスの話題はピシッと納得できる理由で終わらせたり、さらっと受け流したりして、もっと会社にも応募者にもプラスになる話題をするべきなのです。ただでさえ短い面接時間。少しでも、あなたの合格にプラスになることを話してください。

面接をプラスの話題で埋め尽くすには、話が尽きないほどのプラスの材料をたくさん仕込んでおけばよいのです。マイナスの話題に対しては面接官を一発で納得させる理由を用意しておけばよいのです。本書でそのノウハウを学んでください。

本書でマイナスの面接がプラスの面接に変わる！

NG 不採用面接の流れ（本書使用前）

面接官「退職理由」をお聞かせください。

前職はオフィス機器の訪問営業です。とにかく成績第一で、売れなければ上司の罵倒が飛んできます。私は幸いノルマを達成できていましたが、社内の雰囲気に嫌気がさしました。

面接官 それはお気の毒ですね。成績を上げるために残業も多いのでは？

はい。規定の就業時間は９時から５時ですが、あってないようなものでして。きついノルマを達成するには残業や自宅作業は当たり前です。もちろんサービス残業です。

面接官 なるほど、では当社への「志望理由」をお願いします。

御社は栄養とウェルネスのリーディングカンパニーを目指しておられるということで、高齢化が加速する社会の中、栄養食品の営業は、大きなやりがいを感じられる仕事だと感じました。

面接官 前職とは業界も、営業する製品も大違いですが大丈夫ですか。

コピー機と食品ですから、確かに大違いで不安もあります。でも、前職の厳しい環境でも何とか頑張れたので、持ち前のガッツで乗り切れるという自信はあります。よろしくお願いいたします。

本音 退職理由は社内の雰囲気とサービス残業への不満で、志望理由がホームページの言葉の受け売りとやる気か……。

ポイント

- 暗い話題を持ち出さない。プラスの話へ方向づける
- 自分が応募先の業務にマッチすることを語る
- 面接官に自分を採用することのプラス材料をたくさん与える

OK 採用される面接の流れ（本書使用後）

面接官「退職理由」をお聞かせください。

前職はオフィス機器の訪問営業で、活躍に見合ったインセンティブが入るやりがいがある職場でした。私はトップクラスの売上でしたが、オフィス機器が飽和状態で、業界自体の先行きに不安を感じ、存分に力が発揮できる環境を求めました。

面接官 なるほど、では当社への「志望理由」をお願いします。

はい、第一に人の健康に寄与する栄養食品という商品に魅力を感じ、自分で販売をしたいと強く思えたことが志望理由です。

面接官 前職とは業界も、営業する製品も大違いですが大丈夫ですか。

オフィス機器の営業で、私が最も心掛けたことは顧客の現在の問題点を見つけて、それを解決する提案ができないかということでした。栄養食品でも、営業先の医療機関、介護施設の現場での治療、健康増進に役立つ提案をすることが大切で、その提案が魅力があるほど営業成績も上がるものと考えます。その点、私の営業スタイルとぴったり一致しています。また、何より健康に直接関係する商品ですから、新しく商品知識を学ぶにしても、モチベーションがぐっと高まります。今日からでも勉強させていただきたいくらいです。ぜひお願いいたします。

本音 営業実績もあるようだし、我が社の社会的な貢献への理解と共感も強い。やる気も十分。ぜひ採用したい人材だ。

CONTENTS

第3章　採用される!　職歴と実績はこう話す

第4章　これで必勝！　自分をアピールする

第5章　熱意を見せる！　志望動機は準備で決まる

付録

1 【良い例&悪い例】比べてわかる！ 面接トーク

2 準備万端!!　【チェックシート】

第1章

転職面接の準備と進行

●合否は事前準備の段階で決まる!

第1章

1 転職の応募と予約はこうやる!

ポイント

- 求人広告、求人サイト、ホームページ、会社説明会で応募する
- 提出する応募書類は、必ずコピーを取っておこう
- 採用担当者への最初の電話の印象が合否を左右することもある

応募のパターン

中途採用には、次のような応募パターンがあります。

❶**求人広告**を見て、電話で応募の連絡後に書類を郵送。または先に書類を郵送。電話でマイナスの印象を与えないようにすることが大切。

❷**求人サイト**に会員登録をして、サイトの応募フォームから応募。

❸**ホームページ**にある応募フォームから応募。メールに応募書類を添付して企業に送信する場合もある。その際には件名は「営業職応募」などとし、応募であることがわかるものにすること。

❹**会社説明会**に参加。説明会が筆記試験や面接を兼ねることもある。

いずれのパターンでも、応募書類はコピーしておき、電話や面接の前にどんなことを書いたかを確認しておきます。

電話のマナーと準備

一般企業なら始業時、終業時、昼休みとその前後を、店舗では混雑が予想される時間帯（飲食店では昼と夕方）を避けて電話をかけます。人の声や騒音がない、落ち着いた場所から電話しましょう。最初の電話がマナーを欠いていると、それが原因で落とされることもあります。

先方からの電話を待つ場合、応募先から自宅に電話があることもあります。失礼のないように、家族に丁寧な応対を頼んでおきます。また、連絡先を携帯にしてある場合は、こまめに不在着信を確認するようにします。

電話をかけるときの完璧マナー

❶ 電話の前に、手元に準備するもの

- 求人案内と応募書類（電話で面接の可否を判断される場合の準備）
- スケジュール表（面接日の調整のため）と筆記用具
- 問い合わせたいことがある場合は、質問内容を整理したメモ

▼

❷ 電話をかける→最初の挨拶

「こんにちは、『週刊○○』の求人情報を見てお電話さしあげました。夏目太郎と申します。応募の電話なのですが、担当の石川様をお願いいたします」

※担当者が不在なら「では改めてお電話さしあげます。いつごろおかけすればよろしいでしょうか」

【担当者に】「はじめまして。夏目太郎と申します。『週刊○○』の営業職募集の広告を拝見し、ぜひ応募させていただきたくお電話さしあげました」

※年齢、連絡先、応募資格などを確認してくる場合がある。

▼

❸ 面接日時の調整→電話を切る

【面接日時の都合が悪い場合】「申し訳ありません。○日○時は、予定が入っておりましておうかがいできません。できましたら、○日から○日の間にしていただけるとありがたいのですが」

※都合がつかない場合には、都合のよい日時を３日以上挙げる。

【面接日時決定】「では、○日午後○時、○町本社ビルの受付におうかがいいたします。ご担当は○○様ですね。ありがとうございました」

【担当者の返事の後】「では、失礼します。当日もよろしくお願いいたします」

まとめ　**応募の電話から採用試験が始まっていると考える**

第1章

2 実況中継！ 面接の入室から退室まで

❶ 到着

面接会場には5分前には到着するようにします。どうしても遅刻してしまいそうな場合は、必ず約束時間よりも前に担当者に電話を入れて謝り、何時なら到着できるかを伝えます。また、担当者にも予定があるので到着が早すぎるのも迷惑です。

一番よいのは30分～1時間前に現地に到着すること。

どこかで落ち着いて時間をつぶし、鏡で身だしなみを確認してから約束の時間5分前に応募先に行きます。コートを脱いで手にかけてから受付へ。スーツの上着は夏場でも脱がないのが礼儀です。携帯電話の電源は必ず切っておきましょう。

❷ 受付

受付に「採用面接にまいりました夏目太郎と申します。担当の石川様と14時にお約束しているのですが」と、自分の名前と担当者の名前を告げて取り次ぎを頼みます。待合室に通されることが多いはずです。

待合室では入口側のイスに座りましょう。

呼ばれるまでは会社案内や自分の面接準備ノートなどに目を通したりして時間をつぶします。待合室に面接担当者が入室してきて面接開始という場合もあります。そのときは、**すぐに立って一礼し「夏目と申します。本日はよろしくお願いいたします」と挨拶をします。名刺を渡されたら必ず両手で受け取りましょう。**

実際の転職面接が「どのように進んでいくのか」を頭に入れておけば、本番でも落ち着いて対応できます。面接会場への到着から面接室退室まで、順を追って紹介しましょう。模擬面接(28ページ)をやるときも、このような流れで進行すれば、本番とさほど変わらない予行演習ができます。

❸ 入室

面接室のドアを2回ノックして、「どうぞ」の声がかかったら片手でドアを開けます。はっきり「失礼いたします」と言って部屋に入り、面接官に背中を向けないよう斜めにドアに向き直ってドアを閉めます。面接官の方に向き直って、背筋を伸ばし腰から曲げる丁寧なお辞儀をします。イスの横まで進んでから、また面接官にお辞儀をして**「夏目太郎と申します。本日はお時間をいただき、ありがとうございます。何とぞよろしくお願いいたします」**などと挨拶をします。部屋の中をきょろきょろ見回したり、面接官の顔をじろじろ見たりしないようにしましょう。

❹ 着席

「どうぞお座りください」と言われたら、「失礼いたします」と言って着席。カバンはイスの横の床に置きます。机の上(机がなければ膝の上)に、履歴書、職務経歴書、会社案内などを置いて、それらを見ながら応答してもマナー違反にはなりません。背筋をまっすぐにして、イスの背にもたれないように座りましょう。飲み物を出されたら「ありがとうございます」とお礼を言い、面接官に勧められるか、面接官が飲んだタイミングで、「いただきます」と言って飲みます。全部飲んでも飲み残しても選考には関係ありません。

5 面接スタート

提出書類持参の場合には、最初に渡すように言われます。書類は封筒に入れておき、封をしないで相手側に封筒の下側が来るように手渡します。

最初は当日の天気や交通手段など、当たりさわりのない話題から始まります。次の点に気をつけて面接をしましょう。

- **第一印象でこちらから面接官を好きになるように意識します。**
- **必ず、結論から話し始めます。**
- **質問者の目を見て、はきはきと、語尾までしっかり話します。**

6 質疑応答①【転職理由・職歴】

面接の質問には、特に決まった順番というものはありません。
自分で模擬面接をやる場合には、面接官役の人に次に挙げる例を参考にして質問をしてもらうようにしましょう。

なぜ転職しようと考えたのですか

「はい、会社の経営不振により、コスト削減のため総務部のアウトソーシングが決定しました。それに伴い営業部への配置転換を～」

前会社への不満、上司の悪口、泣き言などは言ってはいけません。転職がやむをえない事情と、今後の自分がやりたい仕事を伝えれば十分です。➡第２章（38ページ）

これまでの職歴をお話しください

「はい、○○商事総務部に３年間在籍し、経理財務を管轄しておりました。特に～」

職歴は、必ず聞かれるので、模範回答を用意しておきます。数値やデータ、エピソードを交え、一番の実績、自分が改善した事例、心がけていることなどを具体的に話すことが大切です。➡第３章（64ページ）

7 質疑応答②【自己PR・志望動機・最後の質問】

自己PRをお願いします

「はい、私はパソコンでの経理財務業務が得意です。現職では～」

応募業務で役立つスキル、能力が具体的に伝わるように話します。「自己紹介」なら、名前、最終学歴、職歴概略、一番の成果を簡単にまとめます。➡第4章（88ページ）

志望動機をお聞かせください

「はい。自分が一番やりたい○○が御社ならできると考えて～」

一番の理由は、「自分がやりたい仕事ができるから」「○○が好きだから」「自分の能力が活かせるから」。転職で、志望先の技術力、経営方針、社風などを志望動機にするのはお勧めしません。➡第5章（114ページ）

最後に何か質問はありますか

「はい、1つだけ。配属先で特に必要なパソコンソフトのスキルなどがありましたら、準備のためにおうかがいしたいのですが」

ホームページに掲載されているようなことは聞いてはいけません。**今からでも勉強しておいた方がよいこと、今後の選考手順など、調べてもわからなかったことを尋ねましょう。**➡160ページ

8 退室

面接官から面接終了の言葉が出たら、

1　軽く頭を下げて、イスをがたつかせないように落ち着いて立ち上がります。

2　イスの左脇に立ってお礼を言います。

「本日は大変ありがとうございました。面接を終えて、ぜひ御社で働きたいという思いが強くなりました。ご検討、よろしくお願いいたします」

3　丁寧にお辞儀をして、手荷物、カバンを取ってドアへ向かいます。

4　ドアを開けて、面接官に向き直ってアイコンタクトを取り、「失礼いたします」と軽く頭を下げます。そのまま自然にあとずさりして退室します。

5　受付に「お世話になりました」など、一言挨拶をして玄関から出ます。

3 転職面接を勝ち抜く最重要ポイントは第一印象!

ポイント

- 第一印象は面接開始５分で決まる
- 身だしなみ、姿勢、表情、口調に気をつけることが大切
- こちらから面接官を好きになろう

第一印象は開始５分で決まる

合否を左右する第一印象は、面接開始５分ほどで決まってしまいます。しかも、それをくつがえすのは容易なことではありません。

でも、第一印象をよくすることは比較的簡単にできます。よい印象を与えるために、身だしなみを整え、姿勢、表情、口調を意識して作ることは、一番簡単で効果のある面接対策と言えるでしょう。

第一印象を作る

第一印象をアップさせるために、次の点に注意します。

●髪・顔

髪型で印象が変わるので、美容院で整えておきます。目にかかるような前髪は左右に分けておでこを出します。明るい茶髪や金髪などは、黒髪やこげ茶色の自然な色に染め直します。眉の形もきれいに整えておきます。

●服装

できる社会人を演出するには清潔感のある服装と身だしなみが不可欠。服のシワ、ネクタイのねじれ、爪の汚れなどは厳禁です。

●姿勢

背筋を伸ばしてまっすぐ座ります。斜めになる人、背中が丸くなる人がよくいますから、模擬面接やビデオで確認しておきましょう。

●表情

落ち着いた自信のある様子で、ときおり笑顔を作ることが大切です。

男性の身だしなみ

髪型

短めにカットした、清潔感のある髪型に。金髪や茶髪は、不自然でない黒色に染め直すこと。面接会場に入る前には、肩のフケや髪を見直すことも忘れずに。

服装

【スーツ】 紺またはグレーの無地。体型に合ったサイズを選ぶ。
一般には、比較的細身で首が長めなら３つボタン、比較的がっちりした体型で首が短めなら２つボタンが似合うと言われている。袖丈はワイシャツが１センチほど出る長さ。
【シャツ】 白い無地。
【ネクタイ】 落ち着いた色目の小柄やストライプ。青系は賢さや信頼感を、赤系はやる気を、黄色系は明るさ、元気をアピールする。
【ズボン】 折り返しのないシングル仕上げで折り目をきれいに。ベルトはプレーンな黒。

爪

爪は短く切って、指先まで清潔にしておく。

靴下・靴

靴下は黒の無地。イスに座ったときに靴下が見えないようズボンが短すぎないかもチェック。靴はプレーンなひも靴。きれいに磨いておくこと。

顔

ヒゲは剃り残しがないように剃っておく。
また、鼻毛が出ていないか、口臭はないかなどもチェック。
メガネをかけている人は、シンプルなデザインのものを。またレンズをきれいに磨いておくこと。

装飾品

腕時計はビジネスにふさわしい落ち着いたデザインのもの。
ピアスをしている人ははずしておく。きつい匂いのオーデコロンなども NG。

カバン

黒で A4 書類が入る、シンプルなビジネスバッグ。面接では床に立つように自立式のものがよい。面接時に提出する書類などがある場合には、取り出しやすい開き口が大きいものを選ぶ。
リュックは NG。

「鏡の関係」で好印象

面接では、自分からの印象と相手からの印象が同調する「鏡の関係」が作用します。面接官から好かれて、「いっしょに働きたい」と思ってもらうためには、まずこちらの方から面接官を好きになることが大切。

面接中に「この面接官はいい感じだ。この会社で働きたい」と意識して会話をすると、表情や態度も前向きになり、自然な感じの笑顔が出てきます。そして、その気持ちは必ず面接官に伝わるものです。

「とりいる、おもねる」のではなくて、好感をもって会話をする。「自分を売り込む、ごまかす」のではなくて、御社の力になりたいという気持ちを正直に訴える。こうした意識が面接の成功を呼び込むことを肝に銘じてください。

話し方のポイント

話し方では次の点に注意してください。

● **明るい表情**

口角を上げ気味にして、和やかで自信に満ちた表情を作ります。

● **話をよく聞いて答える**

相手の言っていることの意味を考えながら、相づちやうなずきをまじえて、会話をします。用意した原稿を読むような話し方はNGです。

● **結論から話す**

前置きはいりません。結論がわからないままに、長々とした話を聞かされると、その時点で不採用を決定するという面接官がほとんどです。最初に質問に対する直接の回答をシンプルに述べます。

● **アイ・コンタクト**

会話の要所要所で質問者の目を見て、アイ・コンタクトをとります。目が合ったときに、すぐに目を伏せてしまう人がいますが、これは自信のなさと受け取られます。余裕をもって相手の視線を受け止め、穏やかに落ち着いて話すことが大切です。

女性の身だしなみ

髪型

ロングヘアはまとめる。前髪が目にかかるようなら、カットするかピンで留める。髪の色は派手すぎず応募先の雰囲気に合っているカラーリングならOK。

服装

【スーツ】 紺またはグレーの無地。体型に合ったサイズを選ぶ。素材は天然素材のウール、または柔らかく光沢感があるギャバジンがお勧め。デザインは2つボタンがスタンダードだが、大人っぽい印象の1つボタンや、若々しい印象の3つボタンでもよい。

【インナー】 白、または淡いカラーのベーシックな無地のシャツ。

【ボトム】 ベーシックなタイトスカート。スカート丈は座ったときに膝が見える長さ。

爪

爪は短く切って、指先まで清潔にしておく。マニキュアはしないか透明色。

靴下・靴

ストッキングは自然な肌色。アミタイツやラメ入りはNG。ヒールの高さが5cm程度のプレーンな黒のパンプス。きれいに磨いておくこと。

顔

ビジネスウーマンとしては、化粧をして出社することもマナーの1つ。ナチュラルメイクを心がけ、アイライン、チーク、口紅は濃い色を避ける。面接前に、鏡で化粧をチェックすること。メガネをかけている人はシンプルなデザインのものを。レンズをきれいに磨いておくこと。

装飾品

腕時計はビジネスにふさわしい落ち着いたデザインのもの。ピアスや指輪、ネックレスなどはつけない。または、1点のみで控えめなものに。匂いのきつい香水はNG。

カバン

色は黒か茶色でシンプルなデザインが無難。膝に置ける小さいハンドバッグがよい。提出書類があるときは、折り曲げないで持ち歩ける書類封筒へ入れておく。大きめのカバンなら、面接時に足元へ立てて置けるタイプのものがよい。

4 面接の回答はこうして準備する

ポイント

- 中途採用で求められるのは即戦力である
- 応募先で求められている能力、知識、資質を調査しよう
- 応募先の求めに合う自分の経験、長所をアピールしよう

中途採用と新卒採用とは違う

新卒採用では応募者の将来性や人間性が判定材料になります。一方、中途採用では、最初から求める人材のイメージがある程度固まっています。欠員補充なら前任者の穴を埋める実務能力が、事業拡張の募集なら新部門で必要な能力、知識が求められるわけです。したがって、応募者がアピールするべきポイントは次の順番になります。

❶「前職での実績」ノウハウ、知識、自分なりの心がけや工夫、資格

❷「応募先でも活かせる資質や人間性」長所、自己PR、経験

❸「やる気」入社意欲、志望動機、応募先の調査、職務への準備と勉強

なお、「未経験者歓迎」の募集でも、応募先で役に立ちそうな長所がうかがえる実績や経験をアピールすることが採用につながります。

企業・業界・職種の情報を収集

応募先を調べておくことはとても大切です。どんな企業で、どんな人材を求めているかを知っていればいるほど、アピールすべきポイントもわかるし、よく調べていることで強い入社意欲を伝えることができるからです。

ホームページ、業界本はもちろん、社長名、業界名、職種、取引先などをネット検索することも大切です。また、企業名、業界名、職種名などを「やりがい」「スキル」「工夫」「課題」「ブラック」などの言葉といっしょに検索すれば、企業発信の情報ではない現場の声から応募先選別や自己PRの材料が見つかります。1時間以上はネットで情報収集をしてください。

面接回答の準備手順

❶ 応募先・業界・職種・仕事内容について徹底的に調べる。
→ 情報源は、ネット、書籍、知人、人材コンサルタント、現地調査。手間を惜しまず調べる。

❷ 第２章を読んで、「転職理由」を作る。
→ やむをえない事情、または、「前職では○○ができないから応募先へ転職したい」という前向きな理由を述べる。

❸ 第３章を読んで、「経験・職歴」をまとめる。
→ 自分の経験・職歴をわかりやすくまとめる。志望先での職務につながるものが多いほど有利になる。

❹ 第４章を読んで、「自己PR」を作る。
→ 実績に裏付けられた自分の能力、ノウハウ。実績がなければ、前職での心がけ、努力からわかる長所を伝える。

❺ 第５章と付録を参考に、「志望動機」を作る。
→ 志望先で自分のやりたいこと、志望先で自分ができることをやる気とともに、訴えよう！

まとめ 回答のポイントは志望先で活躍できることのアピール

現地調査やOB訪問で差をつける

店舗、ショールーム、サービス拠点などがある会社なら、現場に足を運んでおきましょう。現場を見学した感想や意見をまじえて話せば、強い入社意欲をアピールできるからです。

また、志望する企業や業界で働く友人、知人、OB・OGがいたら、話を聞いておくこと。志望先の企業や業界でのやりがい、苦労、求められる能力を質問して、自己PRや志望動機の材料を集めましょう。

人材コンサルタントを活用して、業界や企業の情報を得るのもよいでしょう。使えるものはどんどん利用します。

アピールポイントを探す

ホームページ、ネット、書籍、現場、知人などから集めた情報をもとに、応募先で求められている能力、知識、実績、人物像を具体的に思い描きます。そして、応募先で求められているものにリンクできる自分の長所、能力、職歴、技能、経験を見つけてください。

次の観点から自分のアピールポイントを探すと、応募先との共通点を見つけやすいはずです。

- **自分も扱ったことのある商材**
- **自分も経験した販路や手法**
- **自分も相手にした顧客の年齢層や経済力**
- **求められる能力や長所が同じ**
- **心がけ、工夫のしかた、気遣いなどに共通するものがある**
- **一つの商材、一人の顧客と付き合う時間・期間が現職と同じ**
- **管理できる人員の数、チームの規模が同じ**
- **自分のビジョン（やりたいこと、向上したいこと）との一致**

自分の職歴、長所と応募先の業務との一致点が多ければ多いほど、応募先から見たあなたの魅力が増えていきます。相手の希望する応募者の要素を見つけるつもりで、あなたの職歴、能力、技術、長所を見直してみましょう。

事前調査で差がつく応募理由

OK

会長の本を読んで、家造りに対する熱意に感銘を受けました。また、展示場で見た御社の住宅で、鴨居の高さから壁紙の素材まで、本当に顧客のニーズに合わせていることが実感できました。

面接官 よく調べられているようですね。

はい、会社選びで一度失敗し、もう今回が最後という思いで御社のことを調べさせていただきました。期待以上の顧客主義に感動し、ぜひお仲間に入れていただきたいと思っています。

本音 会長の本を読んで、展示場も回っているのか。わが社のことが本当に気に入ってくれているんだな。

NG

自信をもってお客様に売り込みができる商品ということが一番こだわった点です。家造りへの細かいこだわりが感じられる御社で、ぜひ営業マンとして活躍させていただきたいと思います。

面接官 弊社が手掛けた家を実際にご覧になったことはありますか？

あ、ホームページで様々な実例を拝見し、熟読いたしました。お客様の立場に立った「小さなこだわりの積み重ね」という言葉に感銘しました。

本音 「小さなこだわりの積み重ね」か。どの応募者もホームページを見てるから、言うことは同じなんだよなあ。

まとめ **志望先の徹底調査が、熱意を見せる第一歩！**

第1章

5 効果絶大!自宅でできる模擬面接

ポイント

- 本番の予行演習になる模擬面接は必ずやっておこう
- 自分で模擬面接のビデオを見て、納得いくものにしておこう
- 「模擬面接→評価→修正」で面接スキルをアップさせよう

模擬面接は、最も効果のある面接対策の１つです。ビデオで面接中の自分を見れば、自分の癖や回答の準備不足がはっきりとわかり、「このままでは受かるわけがない」と気がつくこともできます。

模擬面接の準備

家族や知人１～２名に面接官役とビデオの撮影役（固定撮影でも可）を頼みます。面接官役には、求人広告、会社概要、応募者の履歴書と職務経歴書の内容にざっと目を通してもらい、また、本書16～19ページ、および２～５章を参考にして面接の進行と質問内容を考えてもらいます。

模擬面接の進め方

面接会場にする部屋を選んで、テーブルや机のセッティングをします。

面接官役、撮影役の人は、応募者がドアをノックするのを待ちます。

応募者は実際の面接時と同じ身なりをしてください。ドアをノックして面接官役からの「どうぞ」の声がかかったら、「失礼します」と言って静かに片手でドアを開きます。実際とまったく同じように面接を進めていきましょう。

途中でふざけたり気を抜いたりしてはいけません。参加者全員が、最後まで本番のように真剣に面接をしてください。面接が終わりドアを開けて部屋の外に出るまでを撮影します。

転職面接の採点表

※模擬面接でコピーして使いましょう

● 外見

身だしなみは清潔か	A	B	C	D	E
背筋がまっすぐか	A	B	C	D	E
アイ・コンタクトはできているか	A	B	C	D	E
表情が明るく笑顔が見えるか	A	B	C	D	E
動きに癖はないか	A	B	C	D	E

● 話し方

話し方は聞き取りやすいか	A	B	C	D	E
気になる口癖はないか	A	B	C	D	E
質問に結論から答えているか	A	B	C	D	E
回答内容はわかりやすいか	A	B	C	D	E

● 回答内容

自己 PR は魅力的か	A	B	C	D	E
実績、スキルは十分か	A	B	C	D	E
転職理由は納得できるか	A	B	C	D	E
志望動機は納得できるか	A	B	C	D	E

● 仕事ができそうな人材か	A	B	C	D	E
● 好感を持てるか	A	B	C	D	E

総評

終了後の採点と評価

模擬面接が終わったら、全員で撮影したビデオを見て、悪かった点、直した方がよい点を話し合いましょう。

前ページの「転職面接の採点表」をコピーしておき、項目別に採点をすると評価がしやすくなります。応募者本人も、自分の面接態度と回答内容を客観的に見て採点してみましょう。

次ページの「面接修正ポイントと対応策」には、面接時に出やすい癖や悪い印象を与えがちの態度、回答をまとめてあります。こうした観点から自分の面接態度を評価、反省することが必要です。

納得いくまで模擬面接を繰り返す

気になる癖や悪い点が見つかったら、修正をして、納得のいく面接ができるまで模擬面接を繰り返すことが大切。「模擬面接→評価→修正」を繰り返すことで、間違いなく面接スキルはアップしていきます。

逆に、自分で自分の面接風景を見て合格点が与えられないようなら、企業に採用されるわけがありません。

面接で落ちまくっていた応募者が、模擬面接で評価が低かった点を反省して改良していくことで、見違えるような面接態度を身につけて、急に面接に通り始めるということもよくあります。

ぜひ、模擬面接を実行してください。

面接修正ポイントと対応策

❶ 動きの癖

背もたれやひじかけにもたれかかる、体が揺れる、手が動く、目線が落ち着かない、口が半開き、貧乏揺すりなどの癖が出ている。

対応策 背筋をまっすぐにして、イスの背にもたれないようにし、目線は面接官と自然な会話のなかでアイ・コンタクトを取れるように練習する。

❷ 口癖

「あ～」「あのぅ」「え～」「えっと」「やっぱり」「ちょっと」など、気になる口癖が出ている。

対応策 口癖は意識すれば出ないようにできます。練習してください。

❸ 消極的で暗い印象

おどおどして自信がない態度、目線が下向き、声が小さい、口調がしどろもどろ、表情が暗くて硬い、笑いがないなど。

対応策 胸を張って大きな声でハキハキと「○○と申します。よろしくお願いいたします」と何度も練習しましょう。最初の一声でかなり印象を変えることができます。表情が硬く、笑顔が出ない人は、鏡で笑顔の練習。ポイントは、口角を上げて上の歯を見せることと、月目（三日月のような目）で笑うことです。

❹ 魅力のない回答

回答に魅力がない、具体性がない、説得力に欠ける、たいしたことではない実績や長所に聞こえる、何を言いたいのかわからないなど。

対応策 自分の職歴、実績、長所、仕事の心構えなどを具体的に書き出して、応募先の仕事で活かせる実績や長所、魅力的なエピソードを選んでおきます。自分で、応募先が自分を採用するメリットをはっきりさせておくと、話に説得力が出てきます。
本書で回答のコツをつかんでおくことも、もちろん重要な対策です。

第1章

6 落ちる理由はコレ! 不採用が決まるとき

ポイント

- 面接で決まって落とされるタイプがある
- 暗い、軽い、くどい、偉そう、前職の悪口は厳禁
- ありがちな失敗は、準備さえしておけば避けられる

面接で落とされるタイプ

面接官が不快に感じて不合格を決める応募者には、いくつかの決まった人物像があります。絶対に次のような印象を与えないようにしましょう。

●笑顔がなく暗い人

真面目だが自信がなさそうで活気がない。また、ひどくあがっていてずっと緊張している人も採用しづらい。

●軽くてなれなれしい人

敬語が使えない。緊張をほぐそうと気さくに話しかけたら、なれなれしい態度、友達口調で話してくる。不真面目な印象で、仕事にも真面目に向き合えるとは思えない。

●くどくて話が長い人

質問の答えが長くて、結論もないままくどくど話し続ける。暗記した原稿を読んでいるような口調。自己PRをえんえんと続ける。どれも不合格。

●偉そうな人

経歴に自信があるのか、態度が偉そうで横柄な様子。

●前職の悪口を言う人

「たいへんでしたね」など、同情する言葉をかけたとたんに、前の会社への批判や上司へのグチがぼろぼろ。

面接失敗は準備で避けられる！

❶ 同じことを繰り返してしまう

履歴書、職歴書とまったく同じ内容の話や、同じ長所、エピソード、アピールを何度も繰り返してしまった。

対応策 成功体験での自分のチーム内の役割、仕事の心がけ、人からの評価、別の手柄、志望先の別の魅力など、具体的なエピソードや知識をできるだけたくさん用意しておき、同じことを繰り返さないで回答できるようにしておくこと。多くの面からアピールすればするほど、採用に近づきます。

❷ 突っ込まれると答えが出ない

面接官から突っ込まれたとたんに言葉に詰まってしまった。

対応策 模擬面接の面接官役に、「それは仕事でどう役立つの？」「具体的には？」「あなたの役割は？」などと、深く突っ込んで質問してもらい、それらにすべて答えられるようにしておきましょう。

自信があるときは、「私のアイデアを同期で共有することで全員の成績がアップしました」など、わざと突っ込みたくなる回答にしておきます。「それはどんなアイデアだったの？」という突っ込みがくることは間違いありません。

❸ 消極的で暗い印象と対応策

「どうもやる気が見えない」と言われてしまった。

対応策 「やる気があります」と言うだけでは、やる気は伝わりません。志望先で仕事をするための準備や勉強、新しい企画案の提出、志望先に関する詳しい知識を披露するための調査、自分の実績と志望先の仕事との共通点の提示など、やれる準備はすべてやっておきましょう。特に第二新卒など、実績がない応募者の場合には、こうした準備をしていることが本物の「やる気」を伝えることになります。消極的で暗い印象になるのは、本当に応募先に入りたいという意欲がないことが原因の場合が多いのです。まず何よりも心から応募先で働きたいという気持ちを持ってください。

第1章

7 筆記試験はこうして準備する

ポイント

- 約５割の企業が筆記試験を行っている
- SPI 検査があることがわかったら、対策をしておこう
- 一般常識、専門職試験の勉強は原則不要

転職求人を行っている企業の約５割が筆記試験を実施しているという調査があります。[※1] また、大企業ほど採用時に筆記試験を重視する傾向があります。いずれにしても、費用をかけて試験を実施しているのに、その結果を採用の選考に考慮しないということはありえません。高い点を取るほうが採用される確率は間違いなくアップします。

転職時の筆記試験には、次の３パターンがあります。

- **適性検査（能力検査、性格検査、職業適性検査など）**
- **一般常識テスト（国語、数学、時事、作文など）**
- **専門職試験（職務上の知識と技能試験）**

SPI対策は欠かせない

筆記試験の中でも最も多く実施されているのは、リクルートのSPIという適性検査です。SPIは新卒にも使われるため、第二新卒など若い転職者に対しても新卒と同じ程度の合格点が要求されます。

前もってSPIを受検することがわかったときは、試しに次ページ掲載のSPIの問題をやってみましょう。

このレベルの問題が解けないようなら市販のSPI対策本[※2]を使って試験勉強をしておく必要があります。

※1 転職サイトDODA調べ「筆記試験ありの求人は全体の51%」
※2 SPI対策本では、『史上最強 SPI&テストセンター〈超実戦〉問題集』（ナツメ社）をお薦めします。能力検査と性格検査の両方の対策ができます。

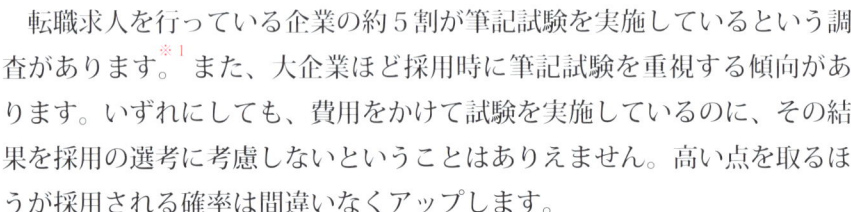

SPI 出題例（下の問題ができないようなら問題集で対策しておく必要あり）

SPI 検査で出題される標準的なレベルの問題です。１～５の５問を全部で５分以内で解いてみましょう。→解答・解説は次ページ下

●非言語能力検査

1　P 社と Q 社が合同で清掃ボランティアをしたところ、両社合わせて 127 人が参加した。参加した男性と女性の人数について、次のことがわかっている。

Ⅰ　男性と女性の参加者数の差は 15 人

Ⅱ　女性の参加者数は P 社が Q 社より 11 人多い

このとき、参加した男性の人数は何人か。

2　原価 600 円の品物を 2 割引で 50 個売ったら 9200 円の利益が出た。定価はいくらか。

3　ある美術館で 3 連休の客数を調べたところ、2 日目は 1 日目の客数の 1.4 倍で、3 日間合計の 49%に相当した。3 日目の客数は、3 日間合計の何%になるか。

●言語能力検査

4　下線部と意味が最も合致するものを 1 つ選べ。

<u>目立ってすぐれていること</u>

A　出色　　B　誇示　　C　稀有　　D　卓見　　E　顕著

5　最初に示された二語の関係を考えて、同じ関係の対を選べ。

炊事：家事

ア　掃除：洗濯　　イ　経緯：経過　　ウ　林業：産業

一般常識テストの対策は不要

一般常識は、漢字の読み書き、四字熟語やことわざの知識、計算問題、地理や歴史の常識問題、時事問題、作文など、幅広い範囲から出題されます。また、志望度をはかるために業界や企業の知識を問う問題が出題されることもあります。一般的に、一般常識テストは高い点を取ったからといって採用に有利になるものではなく、社会人として最低限の常識があるかないかを判断する材料になります。

とにかく出題範囲が広いので、試験勉強が点数に結びつきにくいものです。転職で一般常識テストのために勉強をすることはお勧めしません。

専門職試験は入門書の確認程度の対策で十分

専門職試験は、業界や職種の知識試験や技能試験のことです。これを実施する企業は非常に少ないので、特に対策をしておく必要はありません。

また、専門職試験がある応募先は、専門的なスキルがある応募者だけを対象にしており、未経験者を採用することはまずありません。

応募先で専門職試験があることがわかっている場合だけは、業界、職務の基礎知識をおさらいしておきましょう。日常業務ではわかっていることなのに、試験では専門用語がすぐ思い出せないこともあるからです。

●前ページの解答・解説

1 【56人】127人から男女の差15人をひいて2でわると、少ない方の人数が出る。
少ない方は、(127 − 15) ÷ 2=56人
多い方は、127 − 56=71人
女性が56人だと、11人少ないQ社の女性人数が(56 − 11) ÷ 2=22.5人となってわり切れないので、女性は71人(P社41人、Q社30人)。男性は56人。

2 【980円】1個分の利益は、9200 ÷ 50 = 184円。定価をx円とすると、
(1 − 0.2)x = 600 + 184
x = 980円

3 【16%】2日目が1日目の1.4倍で3日間合計の49%だから、
1日目は、49% ÷ 1.4 = 35%
3日目は、100 − 35 − 49 = 16%

4 【A】「出色」他より目立ってすぐれていること。

5 【ウ】炊事は家事の一種。林業は産業の一種。

第2章

面接官が納得!
転職理由はこう答える

●転職理由は前向きな回答で答える!

第2章

1 なぜ転職しようとお考えになったのですか？

質問の意図

- ちょっとしたことで、すぐに辞めるような人ではないか？
- うちの会社でもありえるような理由で転職を考えていないか？
- 前向きな理由だけじゃないはず。本音はどこにあるのか？

実際の転職理由

自己都合の転職理由でよくあるのは、次の３つです。

- **「待遇面の不満」給与が低い、残業代が出ないなど**
- **「激務への不満」仕事量が多い、ノルマがきついなど**
- **「人間関係のトラブル」上司、周囲とうまくいかないなど**

いずれももっともな理由です。ただ上のような転職理由が多いのは、逆に言えばそんな問題がある会社も多いということ。次も同じ理由で転職しないように、「給与が多ければ激務でもいい」「給与は下がってもいいので激務は避けたい」など、退職前に自分の希望を明確にしてから会社選びをしましょう。また、パワハラ、セクハラなどは、ネットなどで調べて専門機関に相談するなど、現職でできるあらゆる対処方法を取ることが先決です。

「○○が嫌」から「○○がしたい」という理由へ

さて、現実問題として、上に挙げたような「○○が嫌だから辞めたい」という転職理由だけでは面接は通りません。特に前職の悪口は、それを聞かされる面接官も気持ちのいいものではなく、マイナスの印象を与えます。面接官は、自社では長くがんばってくれる応募者を見つけたいのですから、単なる不平不満ではなくて、応募先が納得できるようなやむをえない理由、さらに今後の仕事、業務に対して前向きな理由を用意することが必要です。

そして、その転職理由が、志望動機、自己PRともつながっているようにすると好印象を与えられます。

転職理由が「激務」のときの回答例

OK

入社以来、月100時間以上の残業が続いています。私は残業自体は苦にならないのですが、もっと上のレベルの職域をめざすため、○○の資格を取る時間も欲しくて転職を決意しました。

面接官 なるほど、資格のための勉強はされているんですか？

はい、どんなに遅く帰っても、毎日1時間は勉強すると決めています。御社の業務でも○○は役立つとおうかがいしておりますので、早く合格したいと思っています。

本音 100時間残業は確かにきついよな。そんな中でもがんばっているんだから、タフなところと仕事への熱意は合格点。

NG

今の会社では、部署内の全員が毎日残業をしないとノルマ達成が絶対に無理という状況でして、このままでは体を壊すのではないかと思い、転職を考えました。

面接官 それは大変でしたね。月にどれくらい残業されていたんですか？

はい、毎日3時間、月に60から70時間ほどです。また、主任から上は役職手当の月2万円がつく代わりに、残業代は出ない規定になっており、それも不満でした。

本音 この業界なら2、3時間くらいの残業は当たり前なんだけどな。待遇への不満ばかりだし、これは不採用だな。

まとめ 不満を前向きの理由に逆転して話すことがコツ

やむをえない事情を説明する回答

例えば、会社の経営不振、倒産、リストラ、企業倫理の欠如、親の介護など、やむをえない事情であれば面接官も納得してくれます。

また、給与が低い、残業が多いなどの理由でも、他社に比べて具体的な数字があまりにかけはなれてひどい場合には転職理由に挙げてかまいません。「この人は自分の勝手な都合で転職を繰り返すタイプではない」と思わせるためには、「転職はしたくないがやむをえず」という事情を具体的に伝えることが必要です。仕事に前向きな姿勢を付け加えることを忘れないでください。次のような着眼点で転職理由を作ってみましょう。

- **不安のない環境で存分に仕事に励みたい（経営不振、給与の遅配）**
- **業績不振で転職したが、これを好機ととらえて心機一転がんばりたい**
- **能力に自信もあり、早期退職の勧めに自分から応じた（リストラ）**
- **社会的に正しい貢献がしたいので転職を考えた（企業倫理の欠如）**

いずれも常識的に見て、自分ではなく前の会社に転職の理由があることを、前の会社を非難しない口調で伝えることがポイントです。

仕事に前向きな回答

「仕事に対して前向きな回答」とは、「○○という仕事がしたい」「良い環境で仕事がしたい」「将来的に○○になりたい」などの転職理由のこと。「前職でも自分がしたい業務への異動願いを出したが、かなわなかったので転職したい」などの経緯説明が必要になります。

次のような着眼点から、「前職ではできないが志望先ではできること」を考えて、転職理由をまとめてください。

- **現職ではできない○○（職務・分野・商材）にチャレンジしたい**
- **より価値のある商材、自信を持って売れる商品を扱いたい**
- **違う顧客層を相手にしたい（年齢、性別、経済力などが違う顧客）**
- **新しいスタイル・手法で活躍したい（新規開拓からルート営業など）**
- **仕事の幅を広げたい（一般事務から営業事務、貿易事務など）**

転職理由が「仕事内容」のときの回答例

OK

現職は総務部で人事を兼任しています。勤怠管理と採用事務が担当ですが、人事について自分で学ぶことがびっくりするほど楽しく、スペシャリストになりたいと考えて転職を決意しました。

面接官 今の会社で人事専門にやっていけないのですか？

はい。上司に相談しましたが、会社の規模的にも難しいとのことでした。御社では採用事務のほか、面接、社員教育にも携わって、人を育てる人事の仕事に打ち込みたいと思っています。

本 音 本当に人事の仕事が好きだという気持ちが伝わってくるな。どんな勉強をしているのか、もう少し聞いてみよう。

NG

窓口係です。同じ事務処理の繰り返しで、やりがいや楽しさが見いだせません。先輩たちを見ていても同じなので、今後もこれが続くと自己成長もできないと考え、転職を決意しました。

面接官 窓口なら接客面でのやりがいはどうでしたか？

とにかく来店者数が多くとても忙しいので、素早く正確に、笑顔で対応というだけで精一杯でして、一人ひとりのお客様に個別に親身になれる接客をしたいと思いこちらに応募しました。

本 音 やりがいは自分で作るもの。現職でやりがいを見いだすための小さな努力も接客のスキルも感じられないなあ。

まとめ 現職でも努力しているが、かなわない現状を伝えよう

第2章

2 今の会社への不満はどんなことですか？

質問の意図

- わが社でも同じような不満を持つ可能性はないか？
- どんなことでも不満を持つようなタイプではないか？
- 現職への不平不満が主な転職理由なのか？

言ってはいけない不満と言ってもよい不満

面接官の「たいへんでしたね」の言葉に乗って、「実は給与が低くて～」などと、現職へのグチや不満を言ってしまった……そんな応募者もよくいます。しかし、今の会社へのストレートな不満やグチは、これから雇おうという面接官に確実にネガティブな印象を与えます。

逆に、前の会社への批判はいけないと杓子定規に考えて、「今の会社には不満はありません」などと答えれば、「不満がないのになぜ転職するの？」と返されてしまうこともあります。

面接官が確認したいのは「応募者の前職への不満は納得できるものか」「自社への転職で不満が解決するかどうか」です。給与が低い、残業が多い、人間関係が嫌、などはどの企業でもよくある不満。「わが社でも同じような不満を抱くのではないか」という疑念を与えてしまうと、採用は見送られます。

したがって、言ってもよいのは応募先なら解消される不満、応募先では起こりえない不満ということになります。

例えば、応募先が成功報酬が約束されている歩合制の営業職で、応募者が「現職では部内トップの売上ですが、その割に待遇は……」という不満を話したら、求める人材にぴったりのイメージになるでしょう。また、求めているのは「給与の額」そのものより、「成果に対する正当な評価」であるというような印象を与えることができます。

経営方針に不満があるときの回答例

OK

証券大手との吸収合併により、勤務先の経営方針ががらっと変わりました。新たな体制ではハイリスクな商品が主力となり、私が顧客に勧めてきた資産運用とズレが生じました。

面接官 あなたがローリスクな商品を販売していけばいいのでは？

顧客に合わせた資産形成を提案する私のスタイルは、今の会社では推奨されていません。御社の方向性なら、私の理想とする営業が思う存分にできると考えて応募いたしました。

本 音 理由が明確で説得性があるな。確かにわが社の営業方針でなら、この人の経験をうまく役立たせる可能性があるぞ。

NG

アフターサービスの体制を充実しようとせず、顧客の満足度を目標に置かなかったことです。売上高ばかりを追求する会社の経営方針に疑問を抱き、転職を考えました。

面接官 あなたは社内で改善を図る行動を起こしましたか？

いいえ、個々の社員が提案できるような社風ではありませんでした。さりげなく上司に話したこともあったのですが、真剣に取り上げてもらえませんでしたし…。

本 音 会社の悪口だけか。自分で問題点を改善する意欲がないし、仕事への姿勢が後ろ向きだな。

まとめ 不満を自分がやりたいこと、ビジョンへとつなげる

不満を仕事への意欲に置き換える

「不満」を「現状では理想が果たせない無念さ」と「仕事への前向きな意欲」に置き換えることが有効です。

現状では自分の理想的な仕事環境、モチベーションが保てる条件を満たせないので、もっとやりがいのもてる職場への転職を希望していると訴えるわけです。例えば、

- **ノルマがきつい→顧客本位のサービスを提供したい**
- **残業が多い→勤務時間の効率や生産性を高めたい**
- **上司の理解がない→会社の経営理念に共感して働きたい**
- **労働環境が悪い→業務に集中して打ち込みたい**

というように置き換えます。そして、「その解決策としてこの会社に応募した」と結ぶのです。

例えば、「上司の理解がない」は、「会社の経営理念に共感して働きたい」と置き換えて、「御社の○○という経営理念は私の共感するところであり」というように進めることができるでしょう。

単なる不満の吐露に終わらせず、「これからは、こんなことをしたいと考えている」という未来志向の回答に組み立て直してみましょう。

面接官を説得できる内容にする

「その程度の不満で転職を考えるのか」という印象を受けると、面接官は、「採用してもまたすぐ辞めてしまうのでは」と考えるでしょう。「そんなことがあっては転職も無理はないな」と納得させられるだけの内容であることが必要。

それには、不満を解消するために現職で実際に行動を起こしてきたことを述べると説得力が増します。

例えば、別の職種や部署を希望していたという場合なら、前職では「何度も上司と相談を重ねて毎年転属願いを提出していたが、それが果たされなかった」と説明します。こうすれば、不満からただ逃げているだけの転職ではないこと、熟慮の上での決意であることをアピールできます。

労働環境に不満があるときの回答例

OK

仕事への理解と興味が深まるにつれ、企画段階から参画したいと思うようになったのですが、派遣社員の立場ですと、企画会議への参加もできないという現状です。

面接官 ご自分では何か現状を変えようとされていますか？

もちろんです。企画書を提出したところ、派遣元から「企画は業務契約の範囲外だから」と言われて、とてもくやしい思いをしました。

本音 不満を解消するために実際に行動を起こしているし、企画職への熱意が十分に感じられる。

NG

現在は契約社員として３年間継続勤務しています。当初は勤務内容を見て正社員登用を考えるという話でしたが、相変わらず正社員に登用してもらえないので転職を決意しました。

面接官 正社員並みの仕事をしていないという評価なのでしょうか？

いえ、求められる職務は正社員とまったく同じですし、周囲と同等の仕事は十分にこなしています。もっとステップアップしたいと考えて応募しました。

本音 正社員と派遣では職務の範囲に差があることを理解できているのかな。待遇面での不満が大きいようだな。

まとめ 不満の解消へのアプローチも重要なアピール

3 前職の人間関係で困ったことはありましたか？

質問の意図

- 人間関係で問題を起こしがちな人ではないか？
- わが社にはうまく適応できそうか？
- チームワークを乱すようなことはないだろうか？

人間関係の悩みは軽く流す

職場の「人間関係」に悩む人はとても多いものですし、それが原因で職場を変わりたいという人も大勢います。

しかし、面接で人間関係の悩みを転職理由にすることはやめてください。

採用担当者は、人間関係のストレスに弱い人材を採用することを極端に嫌います。「今度も人間関係が理由で辞めてしまうのではないか？」「協調性がなくトラブルを起こしがちな人なのではないか？」といった疑念を持たれてしまったら、そこで不合格が決定するものだと考えてください。

パワハラやセクハラなど、たとえこちらが一方的な被害者であっても、職場で人間関係のトラブルに巻き込まれていたことを話すのは得策ではないのです。

だれでも、他の人とウマが合わなかった程度の経験はあるでしょう。しかし、転職面接で人間関係についての質問が来たら、基本的に「特に人間関係で悩んだことはありません。私が気がつかなかっただけなのかもしれませんが」などとさらっと軽く受け流し、一刻も早く、自分のアピールにつながるようなもっと前向きで明るい話題へと移ることが大切なのです。

「困ったことがない」という回答例

OK

仕事で意見が食い違う、といった事例はともかく、日常的に反目し合うというような問題を抱えたことはありません。上司や同僚に恵まれてきたおかげかもしれません。

面接官 では、その仕事上の事例についてお聞かせください。

会議の席で同僚と企画案の優劣を議論するといったことはよくあります。ただ互いに大人ですから、感情的なしこりはまったく残りません。むしろ切磋琢磨できるよい関係になっています。

本音 人間関係の点では安心していいだろう。仕事に対しても前向きでできる人材のような気がするぞ。

NG

職場の環境に恵まれていたのでしょうか、特に人間関係で悩んだことはありません。まあ、私が鈍感であまり気がつかなかっただけなのかもしれませんが…。

面接官 仕事上でのちょっとした意見の対立もないですか？

まったくありませんでした。どちらかというと、個人で動くことが多くて、意見を言い合うような職場でもなかったので。御社ではそうしたことがあるのですか？

本音 問題が生じたときにどう対応できるかを聞きたかったのだが、はぐらかされている感じがするな。

まとめ 職場に適応できる人間性をアピールする

協調性を伝える

「悩んだことがないそうですが、人と良い関係を保つための何か秘訣はありますか？」などという質問が来ることもありますから、いくつか回答を用意しておきましょう。具体的には「誰にでも笑顔で挨拶する」とか「年下の相手や女子社員に対しても横柄な態度を取らない」など、常識的なもので大丈夫です。「秘訣というほどではないですが」と前置きして心がけていることを話せば、十分に協調性は伝わります。

意見の対立にどう対応したか

応募者の協調性を確かめるために、「チームで仕事をすれば、意見の対立が生じることもありますよね」という質問が来る場合もあります。これには自分の経験をもとにした回答を用意しておくと説得力が増します。

この回答で気をつけるのは、

- **あくまで仕事上の意見の食い違いであること**
- **仕事の意見の食い違いは、人間関係のこじれにはつながらないこと**

を強調することです。

「会議で意見が衝突することはありますが、それが人間関係に影響することはありません。むしろ、会議の好敵手は尊敬できる仲のよい同僚です」といった言い方をします。

人間関係を転職理由にするのは控える

最近では、「社員同士が互いに無関心で、仕事で助け合うこともなく、休み時間も会話することがない」というような、あまりに希薄な人間関係に嫌気がさして転職を考える例も増えてきています。

この場合、「社員一丸となって、同じ目標に向かって協力するような、雰囲気の明るい職場で働きたいと考えて転職を決意しました」などと前向きな表現で伝えることもできますが、これはあまりお勧めしません。

とにかく転職理由には、人間関係の問題にあまり重点を置かないように答えることが必要です。

「現職の人間関係が希薄な場合」の回答例

OK

現職はどちらかといえば活気が少なく、社内の会話は少ない方です。そこで良好な関係を保てるよう、毎朝笑顔で「おはようございます」とはっきり挨拶するようにしています。

面接官 なるほど、ほかにも気をつけていることはありますか？

パソコンに向き合っているだけですと人間関係が希薄になっていくので、不明な点はすぐ他の社員や上司に相談し、「ありがとうございます」とお礼を言うよう心がけていました。

本音 良好な人間関係を築こうと努力しているな。対人関係についてはどこに行っても大丈夫だろう。

NG

現職では業務中の会話はほとんどありません。私も人付き合いが苦手ということはないのですが、極力自分の仕事に集中し、人に干渉しないようにしてきました。

面接官 それで業務に影響はなかったのですか？

業務はコンピューターへの入力作業ですから、特に問題が生じることはありません。職場全体の雰囲気も個人主義的で社員同士の交流も少なく、その方がむしろ気が楽です。

本音 いくらコンピューター入力が仕事だといっても、これではとてもチームの一員として働くのは無理じゃないかな。

まとめ 日常的に心がけていることを回答に用意しておく

4 卒業後にフリーターになったのはなぜですか？

質問の意図

- 本気で就職活動したのかな？
- 本当は働きたくないのではないかな？
- 内定がどこからもまったく出なかったのかな？

フリーターになった理由

卒業後にフリーターになった理由として、面接官に正直に答えて良いのは次のようなものです。

- **好きな道で成功するためにアルバイトをしていた**
- **若いうちしかできないことをやっておきたかった**
- **自分のやりたいことがわからなかった**

以上のような理由でフリーターをしていたが、考えを改めて「本気で正社員をめざしている」という決意を訴えれば悪い印象は与えません。

「何となく」「組織で働きたくなかった」などの理由からフリーターになった人もいるでしょうが、それを正直に言ってしまっては働く気があるのかどうかを疑われてしまいます。また、「内定が出なかったのでしかたなくフリーターになった」という人もいるでしょうが、これも主な理由にしてはいけません。

正社員になりたい理由はやりがい

生涯賃金、福利厚生の違い、雇用の安定性など、経済的に正社員が有利な点はたくさんあります。しかし、これを正社員になりたい理由にしてはいけません。フリーターでなくて正社員になりたい理由は、「本気で責任を持って打ち込める仕事がしたいから」というやりがいと熱意を訴えるものにすべきです。

新卒時に正社員にならなかった理由

OK

就職活動中に自分の将来ビジョンに疑問を抱き始めたのが理由です。何をしたいのかわからないままでは企業にも貢献できないと考え、アルバイトをしながら自分の方向性を探っていました。

面接官 すると、現在は何か方向性を見つけたのですか？

はい、介護スタッフのアルバイト経験を通じて、人のお世話をする仕事にやりがいを見つけ、天職だと思えるようになりました。業界トップの御社で介護の仕事を極めたいと思い応募しました。

本音 体験の中で「やりがい」を見つけ出したというのは好印象。強い意欲が感じられるし、入社後も期待できそうだ。

NG

正社員での就職を希望していましたが、新卒時は採用事情が大変厳しい時期で内定が出ませんでした。そこで希望する業界でのアルバイト勤務を通じて、スキルを磨こうと考えました。

面接官 ご自分ではなぜ内定が出なかったと思いますか？

はい、大学のランクが低いのと、やはりあのときは就職氷河期といわれていて求人が少なかったことが大きいと思います。私の周囲にも内定が出ない友人が４割くらいいましたし。

本音 内定がなかったからフリーターか。正社員になれなかった理由を自分以外のせいにしていて、好感が持てないな。

まとめ 自己反省と心機一転のやる気を見せることが大切

第2章

5 今回、正社員を希望されている理由は？

質問の意図

- どうして正社員になりたいのかな？
- 派遣社員と正社員の違いを理解しているかな？
- 正社員として勤めていくだけの心構えはあるかな？

履歴がアルバイトや派遣社員の場合によく尋ねられる質問です。本音を言えば「収入が安定する、社会保険に加入できる、継続雇用が期待できる」からでしょうが、もちろんそんな回答をしてはいけません。理由が「生活の安定」では、企業側にあなたを採用するメリットが何もありません。

この質問で面接官が知りたいポイントは、次の通り。

- **アルバイトや派遣社員との違いをよく理解しているか**
- **正社員としての責任を果たしていく心構えがあるか**

では、企業が派遣社員に求めることと、正社員に求めることとはどんな違いがあるのでしょう。そこに回答のヒントがあります。

派遣社員やアルバイトではさせてもらえない仕事がある

派遣社員に求められるのは決まった業務を「早く、上手にこなす」こと。一定の技術さえあればよい、ということです。

一方、正社員では「積極的に会社の利益に貢献する」こと。命じられた仕事をこなすだけでなく、自ら問題点を見つけ、改善していく積極性、新たな仕事を生み出す創造性が求められます。

ここから「正社員を望む理由」は、「派遣社員にはさせてもらえない仕事があり」→「正社員ならそれができるから」となります。

例えば、「派遣社員の立場では現場作業をこなすだけだったが、企画会議など、業務の立ち上げ段階から参画したいので正社員になりたい」といった具合です。

「もっと貢献したい」という回答例

OK

契約社員の立場でしたが、業者との契約関係の締結など、責任の重い仕事も任されるようになり、自分の経験が自信になってきたことから、正社員採用を希望するようになりました。

面接官 今の会社でも仕事の幅を広げることはできるのでは？

はい、確かに可能だと思います。ですが1年契約という立場では、中長期的なビジョンを伴う企業の根幹の業務には責任が持てないと痛感し、それが正社員志望の大きな要因となりました。

本音 重要な責任を果たす気構えが十分あるし、会社に貢献したいという帰属意識が高いこともよくわかるな。

NG

より責任ある仕事を任されるように、自身の成長を図りたいというのが一番の理由です。また、現状よりも会社により一層貢献する働きをしたいと考えたからです。

面接官 派遣社員という今の立場では難しいのですか？

就業先の経営状態により一番に人員整理を受ける立場ですから、そこまで貢献したいという意欲は起きません。成果を正しく評価していただける職場を求めて御社に応募いたしました。

本音 派遣では貢献意欲がわかないという時点でだめ。条件のいい職場へ移りたいだけでは？

まとめ 正社員が担う責任を自覚していることを伝える

正社員と同等の働きをしてきたと印象付ける

正社員は、経験年数を重ねるにつれ「仕事の範囲が広がり、質が変化」します。人事異動でまるで畑違いの仕事に転属することもあります。

仕事や状況が変わったとき、臨機応変に対応したという経験はないでしょうか。例えば「アルバイト学生の手配の都合で、スタッフが手薄になった他店への配置換えを頼まれ、通勤時間が余計にかかるようになったが、快く応じた」といったエピソードは、「正社員マインド」をアピールする助けとなります。

また、正社員なら他部署との折衝、交渉を求められたり、役職がつけば部下のマネジメントを考える必要にも迫られます。業務上のスキルより、会社全体を考える「経営者の視点」も求められるようになります。この点、店長代理、アルバイトリーダーの経験がマネジメント能力のアピールになります。部署によっては「アルバイトスタッフの出勤シフトを作成、管理していた」などというエピソードも好評価につながるでしょう。

いくらかでもこうした経験があれば、最初に「これまでも正社員と同等の働きをしてきた」ことを強調し、その具体的内容として紹介するようにするとよいでしょう。

これまで正社員の経験がなかったのはなぜか

「なぜ最初から正社員採用を選ばなかったのか」と尋ねられることもあります。企業としては「就労意欲や会社への帰属意識に欠ける人」や、「能力的に劣り、正社員採用を果たせなかった人」を採用したくはないからです。この質問には、自分なりの目的があって派遣やアルバイトを選んできた、とするのがよいでしょう。「一生をかけてよい仕事を探していた」「自分の職業適性を確かめたかった」「専門的な知識を磨きスキルアップするには、派遣社員として働くのが有効と考えた」などと回答し、いずれは正社員に転身するためのステップ、勉強のための期間であったことを印象付けるわけです。

「やりたいことが見つかった」という回答例

OK

自分が何をしたいのかがわからず、様々な経験ができる派遣社員をしてきました。その中で接客業が最もやりがいがあり、また自分に向いていると実感できましたので応募しました。

面接官 どういった点で自分に向いていると感じましたか？

はい、売上も常にトップクラスを維持していますし、何よりも仲間と一緒にもっとお客様に喜んでいただくにはどうしたらよいかを考えるのが楽しくてわくわくします。

本音 接客が本当に好きな気持ちが伝わってくるし、接客の実績もあるようだ。もう少し具体的に聞いてみよう。

NG

派遣先で総務の仕事を経験し、自分には営業職よりも事務職が向いているとわかりました。特にパソコンでの書類作成は得意で何時間でもできます。

面接官 それなら、派遣社員で事務の仕事を続けていけばよいのでは？

はい、しかしパソコン事務の仕事では正社員の方々以上の働きができますので、それなりの正当な評価がいただける正社員を希望しています。

本音 派遣の範囲の仕事をするのと、正社員であらゆる総務の仕事をすることとの違いがわかってないんじゃないかな。

まとめ 応募先にメリットがあるようにやる気を伝える

第2章

6 職歴のない期間は何をしていましたか？

質問の意図

- 健康上の理由や家族の介護などの問題があるのでは？
- どこの会社でも採用されなかったのでは？
- ビジネス感覚が衰えているのでは？

職歴のブランクは必ず聞かれる

職歴に3か月以上のブランクがある場合は、その期間何をしていたかを必ず聞かれます。

面接官が気にするのは、本人の病気や家族の介護など、「健康面や家庭の事情」などの問題を今も抱えていないかという点。もし実際に問題を抱えているなら、隠さず話しておかないと後々問題が起きかねませんから、仕事に支障が出ないようにする対策も含めて答えてください。

問題となるような事情もなくブランクがある場合には、なぜ働いていなかったのかを納得させる理由が必要です。

再就職をめざして努力を続けていた

「目的もなく、何もしてこなかった」という印象を与えることは避けなければなりません。無難なところでは、次のような回答が挙げられます。

●再就職のための活動をしていた

「再就職先の調査と選定」「就職カウンセラーに相談」「ジョブカードに登録」「月例の就職ガイダンスや説明会に出席」など。

●資格取得などの勉強をしていた

「○か月の猛勉強で資格取得」「ビジネススキルの向上をめざして独学で勉強中」「○○という講座を受講」など。

「特別な理由」を説明する回答例

OK

体調を崩したのが原因で前職を退職したものですから、すぐには求職活動ができない状態でした。過労によるものとの医師の診断で、通院と自宅静養の時期がしばらくありました。

面接官 現在は回復したのですか。再発する可能性は？

今は医師からのお墨付きもあり、完全に復調しました。元々体力には自信がありますし、今後は根を詰め過ぎずに早めにストレスをコントロールすることで対応していけます。

本音 健康診断書も問題ないし、再発防止の対策も考えているようだ。健康面では問題無しと考えていいだろう。

OK

父親の介護の問題が原因で一時家業を手伝うことになり、郷里に帰っていました。しかし、今はそちらの問題も完全に解決できましたので、応募いたしました。

面接官 再度この業界に復帰しようというのはなぜですか？

当初から、１年ほどの期間で解決を図れる問題でしたので、環境アセスメントへ復帰するつもりでした。専門誌やネットを通じて最新動向のチェックも欠かさずに続けてきました。

本音 ブランクの期間でも計画性をもって努力する人だな。これなら業界への復帰もすぐにできそうだぞ。

まとめ 事情がある場合は、すでに解決したことを明確に

ブランクが長くなった理由を説明する

長いブランクがあって、しかも積極的な就職活動をしていたと答えると、「他社の試験で何度も落とされてきたのだろう」と思われかねません。この場合は、別の理由を用意する必要があります。

例えば、

- **内定をもらったところがあったが、条件面で折り合わなかった**
- **希望職種の求人が少なく、なかなか機会がなかった**
- **今度こそ転職することがないように企業研究を重ねてきた**

といった回答が考えられます。

職業適性を熟慮する期間になった

面接官は、就業できずにブランクが生じていても、仕事と真面目に向き合っている人材かを確認したいのです。ですから、

- **就職活動を通じて、自分の適性に合う仕事を考え抜いていた**
- **総合職系の採用を探していたが、○○○というきっかけから現場に携わる職種のほうが合っているのではないかと感じた**

といった回答もOK。これにより、「不本意ながら就職できなかった」という印象はなくなります。

ビジネスに対する鋭敏な感覚を保っていることをアピール

長いブランクがあると、最近の業界の動向を知らないのではないか、ビジネス感覚が鈍っているのではないか、などと疑われます。

- **経済誌やネットなどで業界の最新情報を得ていた**
- **業界の仲間と連絡を取り合っていた**

などと答えれば、「業界への復職意識の高さ」を伝えられます。

また、ビジネスパーソンとしてふさわしい立ち居振る舞いは欠かせません。服装、身だしなみ、電話のかけ方、名刺の受け渡し、はっきりとした応答や言葉遣いなど、細部にまで気を配って、この様子なら安心してすぐに仕事が任せられる人だと印象付けることが大切です。

「ブランクが長いですね」に対する回答例

OK

知人へ紹介を依頼したり、ハローワークへ通うなどして求職活動を続けていました。現在はやはりハローワークを通じて、職業能力開発センターでの講座を受講中です。

面接官 どんな内容の講座を受けているのですか？

社会保険労務や経理を学ぶ講座です。前職でも経験のある分野ですので、職務で使える資格を取得して、今後も総務の仕事で貢献したいと考えています。

本 音 総務職に対して前向きな意欲が感じられる。スキルの向上にも目的意識をもって取り組んでいて好感が持てる。

NG

失業中は自分のスキルアップの期間と考えて、海外へ短期留学をしていました。実務に役立つ英会話の習得に努めた結果、TOEICテストで50点の向上を達成しました。

面接官 英語スキルのほかにも身につけたことはありますか？

実際に異文化に肌で接した経験を通じ、積極的に交流を図る習慣が身につきました。コミュニケーション・スキルを向上させる上で大いに役立ったと思います。

本 音 仕事と直結するスキルアップではないし、留学とは言いながら、実際には海外旅行程度だったのではないのかな？

まとめ 仕事に役立つブランクだったことを伝える

第2章

7 これまでに何社受けましたか？

質問の意図

- あちこちの会社を落ちまくっているのではないか？
- 働きたい気持ちはどの程度強いのか？
- せっかく採用したのに辞退されないだろうか？

応募先が本命であることを強調しようと「御社以外は受けていません」と答えると、かえって「就職活動に本腰を入れていないのではないか」「本当かなあ？」と受け取られることがあります。複数の企業に応募するのはごく常識的なことなので隠す必要はありません。

面接を受けた会社の数で答える

「何十社も応募しましたが、面接は御社だけです」などと答えるのはいけません。書類応募しただけ、ネットエントリーしただけの応募はカウントしなくてよいのです。何十社も受けていると答えれば、「あちこちで断られている」「手当たり次第に応募している」という印象を与えます。

応募先が多いときは、面接までいった会社や書類選考をパスした会社の数に絞り、「これまで２社で面接を受け、現在結果待ちです」「書類選考を通過し、来週面接を受けるところが２社あります」などと答えましょう。このとき、はっきりした数字で答えること。自分の活動状況をきちんと把握していないという印象を与えては、転職に対する真剣さが疑われます。

好印象を与えるためには、

- **応募した数ではなく、面接に進んだ会社の数だけで答える**
- **現在、進行中の会社の数だけ答える**
- **○○という理由で内定を断った会社があると伝える**
- **他社から受けた評価をアピールへつなげる**

などの点に気をつけて、受けた会社の数を絞った回答を作っておきます。

受けた会社数を絞った回答例

OK

住宅業界の２社で面接を受けて、御社が３社目になります。ブランクの期間の割に少ないですが、よりよい転職を果たそうと慎重に企業研究を重ね、応募先を絞る方針で活動してきました。

面接官 他の2社での結果はどうでしたか？

１社からは最終面接の連絡がありましたが、もう１社から内定をいただきましたのでお断りしました。第一志望は御社ですので、そちらの内定の返事は月末まで待っていただいております。

本音 企業研究の結果の応募か。応募先にも一貫性があるし、他の企業からの評価もいいようだ。

OK

書類選考を通過して面接させていただいた企業がこれまで３社です。そのうち、来週以降に二次面接の通知を２社からいただいております。いずれも食品業界です。

面接官 そのうち弊社は第何番目の志望ですか？

いずれの企業様にもそれぞれに魅力を感じておりまして、事前の順位付けは考えておりませんでした。が、本日面接でのお話をうかがいまして、御社の魅力を再確認いたしました。

本音 真剣に転職活動中というわけか。食品業界だけを受けているし、「第一志望です」と強調しないのも好感が持てる。

まとめ 業界、会社の数を絞って良い印象を残す

進行状況から他社の評価をアピールする

採用側としては、他の会社がどんな評価を下しているかが気になるものです。面接官が「その結果はどうでしたか？」と尋ねてくれなくても、自分の評価にプラスになりそうなものがあれば、積極的に回答の中に入れていきましょう。例えば、

「そのうち１社からは、二次面接の通知をいただいております」

「１社で、ほぼ内定のお返事をいただき現在検討中ですが、御社のお話をぜひうかがいたいと思い、本日の面接をお願いしました」

などとアピールできれば、面接官に安心感を与えられます。

受けた会社の数が少ない場合

転職活動の長さに比べて面接を受けた企業数が少ないと、「案外少ないですね」と突っ込まれることも考えられます。「行動力に欠ける」「積極性に乏しい」「嘘ではないか」という印象を与えないために、

「慎重に選択し、応募先を絞る方針で情報収集に努めてきました」

「転職活動期間の前半は、資格取得のために通学していました」

などと回答を用意しておきましょう。

「第一志望はどこか」と聞かれたら

企業側としては「採用したら必ず来てくれるのか？」も知りたいところ。「そのうち弊社は第一志望ですか？」と続けて聞かれることがあります。

「もちろんです、ぜひ御社で活躍したいと願っています」と本心から言える相手であれば、熱意をこめてそう答えればよいのですが、微妙なラインにある場合はどう答えるべきでしょう。

本来面接は、互いの条件を確かめ合う場所でもありますから、それを踏まえ、「面接でのお話もあわせて検討するつもりで、あらかじめ志望先のランク付けはしていませんでしたが、面接を終えた今は、御社に貢献したいと強く感じております」などと伝えるとよいでしょう。いずれにしても、そこが第一志望と思って面接を受ける意識が大切です。

第3章

採用される!
職歴と実績はこう話す

●職歴、実績の話し方が合否に直結する!

1 これまでの職歴をお話しください

質問の意図

- 提出された経歴は正直なものかどうか？
- どのようなスキルを持っているのか？
- 即戦力として期待できる実績があるか？

職務経歴書にそって話す

質問の第一の目的は、職務経歴書の内容を確認することです。応募書類と面接の話に食い違いがあると、経歴に不審感を抱かせてしまいます。職務経歴書にそって、入社、職務内容、退社という時系列順に説明していくような流れが基本になります。

職歴を答える際に必要な内容は次の通りです。

- **業種や職種など、仕事内容**
- **会社の規模や所属部署の人数**
- **専門分野、得意分野**
- **部署内での立場・役割**

面接官も職務経歴書を手にしています。そこで職務経歴書を「棒読みしてなぞるだけ」ではなく、要所で書類に書かれていないプラスアルファ、これまでの「実績」や「成果」をはさみこんでセールスポイントを伝えます。このとき、「前年同月比で20%の売上増を達成しました」などと、できるだけ数値データを挙げて説明しましょう。事務職などでも、「報告書の作成フォーマットを一新し、業務の効率が上がったと喜ばれた」などと、イメージしやすい具体的な事例を提示できるように用意しておきます。

質問ごとに個別の回答を作っておくことは、別の質問の回答にも使えて話題を広げることができるので、絶対無駄になりません。本書の質問項目については、すべて回答を用意しておくことをお勧めします。

実績をわかりやすく回答する

OK

15年で、3つの会社に勤務しました。そのうち今回の応募職種となる一般職は、直近の1社で4年の経験です。5名の総務部の中で、主に労務関係の実務を担当しました。

面接官 その企業の規模はどれくらいですか？

パートタイマーを含め全社で120名程度の小規模な企業でした。社会保険や年金事務、給与計算など幅広く担当していましたので、この分野での必須知識を高めることができました。

本音 職歴の説明もわかりやすいし、応募業務に直結する知識を備えているようだ。

OK

大学卒業後、外食チェーンに2年勤務し、都内○○店に配属されました。営業、接客、入出金、アルバイトスタッフのシフト管理など、業務の流れ全般で店長を補佐する役割でした。

面接官 そこでの経験から、わが社で活かせるものは何でしょうか？

仕入れから売上に至る、事業全体を見通す視点を持てるようになったことです。また私がいると店の雰囲気が良くなると店長から言われており、接客応対の巧みさでも貢献できると思います。

本音 特別なスキルを身につけてきたわけではないが、短い社会人生活からでも、新卒とは違う経験を得ているようだ。

まとめ 職歴紹介に終わらず、スキルや経験をアピールする

実績がない人が即戦力をイメージさせるためには

採用側が知りたい一番のポイントは、「求めているスキルを備えているか」「即戦力として期待できるか」です。前職のスキル、実績を応募先で発揮している姿に結びつけることが大切になります。

しかし、自分が経験していない職種への転職では、応募先で直接役立つような前職のスキル、実績が見当たらないこともあります。

この場合は、現職と応募先の仕事に共通して求められる考え方、スキル、経験、心がけ、あるいは共通する顧客、商圏、ノウハウなどを話します。例えば、前職と応募先で顧客層が一致する場合には、「前職では、御社の主要な顧客層である子育て中の母親の方々とお話しする機会が多く、その層の考え方やニーズは熟知しています」 という具合です。

第二新卒など、職務経歴が浅く、実績やスキルという点で特に話すべきものがないように思える場合はどうでしょうか。

この場合は、「新入社員研修でビジネスマナーと○○を習得しました。また短い期間ではありますが、営業事務を経験していますから基本的な実務能力は備えております」というように、新卒者とのスタートラインの違いをアピールします。

実績豊富な人はキーワードでメリハリをつける

職務経歴が長い場合には、要約したシナリオを用意しておきましょう。職歴を簡潔に時系列順に説明し、直近の職歴だけを詳しく説明すると聞き手に伝わりやすくなります。もちろんアピールする実績は、応募先の企業の業務内容に応じて選択する必要があります。

また、職務経歴全般に共通する業界名、商品名、職種などをキーワードにしてまとめるとわかりやすくなります。

例えば、「主に不動産業界に従事してきました。直近の職務は設備管理計画のマネジメントです」などと簡略化すれば、長い経歴も理解しやすいものにできるでしょう。

「前職ではどんなことを？」に対する回答例

OK

企業向けにインターネット・サイトの構築を提案営業する仕事でした。従業員30人程度の会社で、私は5名の営業部でサブリーダーという役割でチームを引っ張ってきました。

面接官 ベンチャー系の企業ですね？ 業績についてはどうでしたか？

過去2年はそれぞれ前年比15%、20%の売上増を続けていました。顧客の要望をよく理解した上で、エンジニアとともに提案営業する自分のスタイルに自信を深めることができました。

本音 尋ねておきたいポイントをすべて網羅してくれたな。仕事ぶりもよくイメージできて、わかりやすい回答だ。

NG

大手進学塾で、営業および営業事務一般に携わってきました。個別指導がセールスポイントでしたので、講師のスケジュールがつかない場合には教壇に立つこともありました。

面接官 それはどんな立場で、どんなお仕事ですか？

教務担当主任という位置付けでした。本社から巡回してくるエリアマネージャーのもと、地域に開設した教室で、入校志望者の応対や講師のマネジメントなど一切を任される立場です。

本音 具体的な仕事内容が伝わってこない。肩書きの説明を求めているのではなくて、何をやってきたかを話してほしい。

まとめ データや数値でより具体的な回答にする

第3章

2 仕事で成功したことを教えてください

質問の意図

- 努力できる人材か、がんばって実績を残してきたか？
- 自社の仕事で役立つ人材かどうか？
- 仕事の能力があるかどうか？

この質問は、「仕事に対してどのように努力してきたか」を知ることにあります。ですから回答は、単に成功した「自慢話」にならないことが大切。むしろ「成功に至ったプロセスや方法」に重点を置くように気を配ります。回答はだらだらと続けないで１分〜２分でまとめること。いくつも実績がある人は、応募先企業に対して最も効果がありそうな１つに絞ります。また、選ぶエピソードはできるだけ最近のものにします。

成功体験を話すときの順序

面接官に伝わりやすいよう、次の要素をわかりやすくまとめます。

- **どんな実績、成功なのか**
- **どんな状況、課題、目標だったか。どんな困難があったのか**
- **どんな戦略、計画が必要と考えたか**
- **どんな行動、チャレンジをしたか**

必ず質問に対する回答の結論から話しましょう。達成した実績、成功をわかりやすい言葉でまとめます。

次に、そのときの状況と課題、そこからの目標と計画を話します。

最後に、具体的な行動、どんなチャレンジや工夫をしたのかを話します。必要な場合は、成功したときのチームの人数、チーム内でのあなたの役割を明らかにしておきます。チームとしてだけでなく、あなた自身の貢献や工夫を交えることが大切です。

「成功したことは？」に対する回答例

OK

経費の申請様式とマニュアルを新たに作成して配布した結果、問い合わせやミスが激減したことです。それまでは各部署の社員からの経費申請の様式がばらばらで大変非効率でしたので。

面接官 なるほど、どのように改善したのですか？

申請項目の分類が紛らわしいところが問題でした。そこで用紙をエクセルで電子化し、ドロップボックスに選択肢を設定し、これを選べば項目が反映されるようにしたのです。

本 音 業務に直結する改善提案で、成果が明確だな。エクセルをうまく使う技術は、わが社でも応用できる。

NG

社内で毎年開催されていた「販促キャンペーン企画コンテスト」で入賞し、表彰されたことがあります。私の提案したアイデアを原案にした企画で、売上アップにつながりました。

面接官 おや、前職は事務職では？

そのコンテストは全社員からアイデアを募集するもので、事務職の私でも提案できたのです。顧客の視点から「こんな企画があると楽しい」と日常感じていたことを形にできました。

本 音 応募業務に関連する成功体験を求めているんだけど。たまたま入賞したアイデアのことを言われてもなあ……。

まとめ 成功までの方法や考え方を伝えるのがポイント

データや具体的なエピソードを盛り込む

成功実績をアピールするのに数字は欠かせません。例えば「新しい顧客層を掘り起こしました」より「転属後１年で新規顧客を20件開拓しました」としたほうが、また「常にトップクラスの成績」より「営業部120名の中で年間売上３位、月間トップ５回」としたほうが、イメージが明確に伝わります。

数字にしにくい業務では、問題を解決した話もいいでしょう。例えば「難しい製造の依頼を受けましたが、他部署、クライアントと折衝して、受注金額を抑える代わりに納期を延ばすことで折り合わせました」などとすれば、交渉力や人間力をアピールできます。

また、「自分の仕事のスタイル」をアピールするのも効果的です。「担当地区の住民とコンタクトを取る目的で戸別に挨拶回りをします。その際ごく小さなことで相談に乗ったり、無料で修理を申し出たりするうち、関係ができて成績を伸ばせることが多いです」など、小さなことでも自分の心がけや工夫、仕事への思いが伝わることなら好印象を与えられます。

大きな実績がない場合には

大きな成功、実績がない場合でも、作り話はやめましょう。面接官から少しでも掘り下げられると必ずボロが出ます。等身大のアピールを心がければよいのです。

例えば、売上目標がそれほど達成できなかった営業部員でも、「配属されてから３年のうちに、営業成績が落ちたのは２回だけでした。それでも前年同月比では常にプラスを記録できたことは、やはり自分なりに成長できたことの証明だと思います」などと、地味な努力をコツコツ重ねて成長できたとアピールできます。

事務職などでは、こなしてきた業務の多さを「実績」として取り出すこともできます。「１日平均30通ほどの申請書類を作成し続けてきました」などと、ここでもハードワークぶりを数値に置き換えて話せば、面接官に仕事への意欲、忍耐力などを印象付けることができるでしょう。

「最も誇れる実績は？」に対する回答例

OK

個人の実績ではありませんが、４名のチームで開発したアプリケーション・ソフトが大ヒットして、会社全体の売上を32%押し上げる成功を収めたことです。

面接官 チームの中ではどんな役割だったのですか？

私が大もとの企画を作り、４人の意見をとりまとめて進行管理を担当しました。中心的な役割でしたが、大きな成功を収めたのはメンバー個々の力量と結束力のたまものだったと思います。

本音 具体的な成果を数値化してくれているので、実績がわかりやすい。自分の力量を過信していない点も評価できる。

OK

昨年、リピート率を高めることに特化した営業企画案を作りました。それをもとに5人の実行部隊を指揮して、売上を前年度比で15%高めたことが印象に残っています。

面接官 ほう、リピーターに着目した理由は何でしょうか？

新規顧客数の伸びの割に、全体の伸びが比例していないので、囲い込み戦略に課題があると考えました。顧客リストのデータを見直して見込み客を割り出し、重点的に営業をかけました。

本音 現状分析から問題点を探って対策を練ったというわけだな。仕事に前向きで、リーダーシップもありそうだな。

まとめ エピソードは順序立ててまとめる

第3章

3 仕事で失敗したことはありますか？

質問の意図

- 過ちや失敗を反省できる人間か？
- トラブルに対処する能力や耐える力があるか？
- 失敗から学んで成長できる人間か？

「失敗はありません」はダメ

面接官が知りたいのは、失敗の内容ではなく、失敗にどう対応したか、失敗からどんな教訓を得たかという点です。反省をきちんとして、改善していける人材かどうかを見ているわけです。

「失敗はなかった」と答える応募者は、優秀な人材とは思われません。

- **犯した失敗を自覚できていない**
- **他人に責任転嫁して自分の失敗と考えない**
- **責任ある業務を任されてこなかったので失敗しなかった**
- **チャレンジしないで安定志向で消極的だから失敗しなかった**

というマイナス評価として受け取られます。

失敗だけで終わらせない

「大事な打ち合わせに遅刻してしまって平謝りでした」とか、「社員全員で後片付けが大変でした」など、「仕事上の能力」が少しもうかがえない失敗話は意味がありません。また、「失敗がケガの功名で顧客との関係が密接になった」というような苦労、工夫が見られない話もいけません。

- **失敗を反省し、糧として成長できた**
- **失敗から得た情報をもとに改善できた**

という切り口で話を展開させるようにします。

「失敗を反省し、問題点を発見して対応策を立てた」というエピソードを取り上げることが大切なのです。

対応策のない失敗話はマイナス評価

OK

大口の注文を受けて、在庫を確かめないで納品を確約してしまったことがあります。結局、納期を２回に分けることで納得していただきましたが、あれは本当に私の大失敗でした。

面接官 どうして在庫確認をしなかったのですか？

前日に在庫があったのを記憶していたからです。これ以降は、事前の在庫確認を鉄則にして、品薄の品番を効率的に手配するよう在庫管理の流れを見直したので、ミスは出ていません。

本音 トラブルにきちんと対処して、反省している。未然に防ぐ対応策を立てているのも好印象。

NG

ホテルのフロントで勤務していましたが、チェックイン時に室料の事前支払いをお願いしたところ、応じてもらえず「客を信用しないのか」とお叱りを受けたことがあります。

面接官 それでどのように対応したのですか？

非常にご立腹の様子で、土下座をして何とか収めてもらいました。理不尽なクレームをつけてくるお客様にはどう対応すべきなのか、正直なところわかりませんでした。

本音 対応に工夫も見られないし、その失敗から学び取ったものが何もないようでは評価できないな。

まとめ 失敗を繰り返さないための対応策まで話す

失敗談のまとめ方

次の順序でエピソードを組み立てるとよいでしょう。

①どんな失敗だったのか

②どんな対処、対応をしたのか

③どうして失敗したと思うか、どんなことを学んだか
（再発防止のためにどうしたか、どう考えたか）

失敗したが何もできなかったという失敗しただけの話なら、話さない方がましです。ここでは、失敗に対応できる「問題解決能力」があることをアピールすることが大切。

例えば「期日を間違えて納期に遅れたが、各支店からの在庫をかき集めてともかく一部だけでも納品して納得していただいた」というように、「失敗したとき、急場で自分がどう対応したか」を話します。

もう一つのポイントは、「その失敗から何を学んだか」です。仕事にミスはつきものですが、その失敗がなぜ起きたのかという「原因分析」をもとに、「再発を防止するためにこのような改善を図った」というあなたの反省と学びのストーリーが必要になるのです。

なお失敗の原因については、「上司の指示があいまいだったため」などと、人のせいにしたり、弁解めいた言葉を入れたりしないで話すほうが好印象を残します。

チャレンジ精神をアピールする

例えば成果が出なかった話でも、「競合他社が５社あった大口の商談でした。交渉窓口を一任されて全力で奮闘しましたが、最後の最後に大手に競り負けてしまいました」というように、難題にチャレンジした結果の失敗であればOK。「リスクを覚悟で、積極的にチャレンジできる人材」という印象を与えられます。

失敗した話をする場合には、「チャレンジ精神」「積極性」「反省する力」をアピールできる機会ととらえてください。

反省する力をアピールする回答例

OK

出張先でプレゼンの資料を忘れたことがあります。社に連絡してパソコン上に残っていたデータを送ってもらいましたが、プレゼンの開始を遅らせてしまい、さんざんな出来でした。

面接官 よく忘れものをするほうですか？

そのときだけです。でも、それ以来データはクラウドにアップデートしたかを確認するとともに、プレゼンの際には必ずUSBにデータをバックアップして持参するようにしています。

本音 失敗を繰り返さないために対策をすぐ実行している。プレゼンの事前準備の大切さを痛感したらしい。

OK

工事受注金額の見積りを依頼され、最終交渉までいって他社に奪われた件があります。金額面での折衝ならほかにやり方があったことを後に上司に指摘されました。

面接官 事前に上司に相談することは考えなかったのですか？

はい。上司からの指摘もその点でした。いくらか経験も積み、交渉を任されることが増えていたもので、自分の判断を過信した結果の失敗でした。本当に反省しています。

本音 かなり重要な仕事も任されてきたようだ。自分から積極的に業務にかかわってきたことがよくわかるな。

まとめ 反省と教訓、失敗から学んだことを話す

4 仕事での心がけやこだわりはありますか?

質問の意図

- 前向き、真剣に仕事に取り組める人材か?
- 自己満足でなく、成果が上がる行動を取れる人材か?
- 募集職種に向いている人材か?

営業や接客業など、人を相手にする仕事の採用でよく尋ねられる質問です。奇をてらった答えではなく、ありきたりな心がけ、こだわり、モットーで差し支えありません。これまでの仕事の経験から生み出された、自分なりのやり方や働くことについての思い入れがきっとあるはず。それを素直に自分の言葉で表現すればよいでしょう。

心がけていることを書き出す

面接官に好印象を与える要素としては、「明るさ」「積極性」「実直」「誠実さ」「人の和を大切にする」「向上心」などがあります。しかし、このまま「私のこだわりは、笑顔で明るく仕事をすることです」などと答えてもまったく心に響きません。

回答に具体性を加えるためには、仕事で自分なりに心がけていることや先輩から教えられたことを書き出してみるとよいでしょう。

小さなことでかまいません。例えば、

- **何事に対しても必ずメモを取る**
- **電話は１コール以内に出る**
- **挨拶は、必ず自分から先に声かけをする**
- **仕事帰りには毎日書店に立ち寄る**
- **知らないことはすぐに聞く**

など、いろいろ出てくるでしょう。

具体例で答えることが大切

OK

「売ることではなく、お客様の課題を解決することが営業」ということです。売り込まない、話を聞く、相手の問題を見つけて、解決するという姿勢に徹しています。

面接官 ほう、例えば具体的にはどんなやりとりになりますか？

家族構成や人生観などをさりげなくお聞きしてメモします。そのうちにお客様の人生設計にぴったりの保険が見つかるわけです。顧客数は2年で121人、顧客ノートが50冊になります。

本音 若いのに営業に対する考え方がしっかりしている。実績もあるし、かなりできる営業マンだな。

NG

私の営業のモットーをひとことでいえば、「お客様第一主義」です。常にお客様の満足度を一番に考え、ご要望にそった商品を提供するように努めています。

面接官 具体的に心がけているのはどんなことですか？

いつも自分をお客様の立場に置き換えることです。もしも私がお客様だったら、このサービスに魅力を感じるだろうか、と自問するようにしています。

本音 マニュアル用語で同じことを繰り返しているだけで、何も見えてこない。仕事ぶりが少しもイメージできないや。

まとめ 裏付けとなる実際の体験を用意しておく

具体的なエピソードで答える

仕事に対する考え方は、「誠心誠意」「お客様の気持ちになること」「お客様第一主義をモットーに」などと、抽象的な言葉になりがちです。キャッチコピーとしてはそれでよいのですが、具体的なエピソードを付け加えることが必要です。

例えば、「売場では、最初に目だけでなく顔をしっかりお客様の方に向けて対応するとよい印象を与えると気づき、そう心がけてきました」とか、「カウンター内で書類作業中にお客様から声をかけられることも多いのですが、手元のやりかけの書類などはいったん側にどけて、すぐ対応するようにしてきました」というように、自分の体験に基づいた具体的な行動を話すことができれば効果的です。

「座右の銘」を聞かれたら

「心がけは何ですか」「モットーは何ですか」と同じ意味の質問です。「特別な座右の銘というものではありませんが、ふだん心がけているモットーとしては……」と変換して回答すれば十分です。

格言や四字熟語、身近な人から受けた教えの言葉などを用意しておくこともできます。その際にも、言葉自体はキャッチコピーにすぎないと考えて、やはり具体的なエピソードを続けて展開するようにします。

ＮＧ回答例

ありきたりなモットーでよいとはいっても、「時間をきっちり守ることです」など、ビジネスパーソンとして当然のことを答えていては何の評価も得られません。

また、信念の固さ、強い思い入れ、「職人気質」的な頑固さが出過ぎないように注意します。仕事に必要な資質には違いないのですが、「絶対にこのやり方でないといけません」などのように強調すると、「融通がきかない」「柔軟性がない」と思われてしまいます。

チームワークに関する心がけの回答例

OK

総務部として、労務関係の書類は従業員一人ひとりに直接手渡して簡単な説明をすることです。これには手続きの遅れを避けるだけでなく、別のよい効果もあります。

面接官 というと、どんなことでしょうか？

手渡す際にコミュニケーションを図れることです。従業員との関係が親密になって、家族構成の変化などの情報もスムーズに入るので、手続きが遅滞なくできるようになりました。

本 音 地味なサポート役の総務の仕事の中で、会社に貢献することをよく理解して、努力できる人ね。

OK

チームワークを第一にすることです。担当が不在でも必ず別の者が対応できる体制を作り、部署内の社員同士の意思の疎通を図ることでよい成果を生み出すことができました。

面接官 それを裏付けるエピソードなど、もしあれば教えてください。

パソコンのフォルダにすべてクライアント情報や進行状況を共有することを徹底させて、緊急の問い合わせなどで担当が不在でも100%フォローできるようになりました。そのほかにも…。

本 音 円滑な情報のやりとりが不可欠な営業支援事務にぴったりの人材ね。あとはパソコンスキルがあれば合格。

まとめ 情報のやりとりを円滑にするための心がけは高評価

第3章

5 ○○の経験はありますか

質問の意図

- 応募業務で必要なスキルを持っているか？
- 即戦力として期待できるか？
- 配属先に適応できる経験があるか？

会社が、その経験を必要としている場合に尋ねる質問です。事前の企業研究を通じて、どんな経験やスキルが必要なのかを想定しておくと、あわてずに回答することができます。

例えば、

- **エクセルのテンプレートはどんなものが使えますか？**
- **○○という経理ソフトを使ったことがありますか？**
- **英文で書類をつくることができますか？**
- **社外プレゼンテーションを行った経験はありますか？**
- **チームリーダーを任されたことはありますか？**

など、それぞれの業務に応じた質問が考えられます。

どの程度できるのかを具体的に

実際にその経験がある場合でも、「はい、あります」と答えるだけでは不十分です。「どんなことがどれくらいのレベルでできるか」を伝えます。

例えば、「エクセルで経理の書類を作成したことがありますか」という質問が想定されるなら、「市販テキストの応用編レベルなら、ほぼ理解しています。関数やマクロの利用にも習熟し、データをグラフ化する書類作成などは日常的に行ってきました」というような回答を用意します。

このとき、「あまり自信はありませんが」とか「おおよそできると思います」などと謙遜したり、表現をぼかしたりするのは避けましょう。自信をもって自分の経験をアピールすることが必要です。

「プレゼンの経験はありますか？」の回答例

OK

はい。新商品開発の企画のさい、各メーカーに対して社外プレゼンを行ってきました。当初はまごつくことばかりでしたが、少しずつ改善点を自覚でき、向上していると思います。

面接官 資料の作成はワードやエクセルですか？

もちろんそれも使いますが、私は主にパワーポイントを利用しています。資料作成には自信があり、かつて作成したものを持参していますので、よろしければご覧いただけませんか？

本音 努力家でしかも自信もあるようだ。実際に資料を持ってきているのか、ちょっと実際にプレゼンをしてもらおう。

NG

はい。売場レイアウトの企画提案書が採用され、社外プレゼンテーションを任されたことがありました。初めての経験で緊張していたので、あまりうまくいきませんでした。

面接官 一度だけで、それ以降はなかったのですか？

はい。もう少し場数を踏ませてからと評価されたようで、それ以降は社内のプレゼンなら何度か経験しています。まだあまり自信はないのですが、以前のようなことはないと思います。

本音 経験はあるらしいが、実績としては評価できないな。自分で「自信がない」という人を採用するわけにはいかないよ。

まとめ 企業研究を通じて質問を想定しておくこと

自分なりの心がけ、工夫、学びを付け加える

単に「経験がある」という回答では、どの程度できるのかがまったく伝わらない職務もあります。例えば、マネジメント業務の経験などを聞かれた場合、「15人の営業部員を統括していました」だけではなく、

- **どんな点を工夫したか**
- **それを通じて何を学んだか**
- **その経験を、新しい職場でどう活用できるか**

といった点までを伝えましょう。

「15人の営業部員を統括していました。特に若い新人の指導経験を通じて、失敗に対してあまり強く叱らず、正しいやり方を根気よく繰り返し教えることで、一見仕事の覚えが悪い部下でも一人前のスタッフに育てることができることを知りました」というように、職務を通じての心がけや学びを伝えると、応募先での活躍も予想できるので好印象です。

経験がない場合の回答

経験がない場合も、「いいえ、ありません」のひと言で答えてはいけません。企業側としては、必ずしもピンポイントな経験が必須と考えているわけではなく、似たような経験、スキルがあれば採用してもよいと判断する場合もあるからです。

したがって、その経験はないが、「それに近いことなら経験がある」「スキルを取得しようと勉強中である」というように、何らかの形でフォローできる答えを用意しておくことが必要で、未経験の職務に応募する場合には、これが合否を分けることもあります。

例えば「労務関係の手続きは未経験だが、給与計算業務をしていたので概要は把握しています」「エクセルの応用スキルを習得したいと考え、OA資格の取得をめざしています」というような回答にします。こうすると、少なくとも自分に不足している部分を自覚・認識し、その弱点カバーに努めているという、仕事に対する意欲をアピールすることにつながります。

「経験がない」ときの回答例

OK

チームリーダーではありませんが、６人のスタッフをまとめる中で、サブリーダー的な位置付けでリーダーのサポートをしていました。

面接官 難しかったことは何でしたか？

適材適所を見極める必要性です。というのは、役割分担をリーダーがあまり考慮していないと思えたので、それを意識してサポートしたところうまく回るようになっていったからです。

本音 マネジメントについても、自分なりの経験からしっかり学び取っている。成長が期待できる人材。

NG

チームリーダーの経験ですか。いいえ、ありません。まだ入社して３年ですから、今はまだチームリーダーに従って業務をこなすというポジションです。

面接官 では、新人教育に携わった経験はどうですか？

教育、というほどではないですが、同じ部署に配属されてきた新人にひと通りの仕事の段取りや、部署内のルールなどを教えることはありました。

本音 積極的に仕事にかかわってきた姿勢が感じられない。経験の中から何かアピールしてもらわないと……。

まとめ 未経験でも、関連性がある経験でフォローする

第3章

6 仕事のやりがいや喜びはどんなことですか?

質問の意図

- 職務へのモチベーションを持っているか？
- 前向きに仕事をしている態度が見られるか？
- 応募職務にマッチしている人材か？

楽しかった、感激した、自信を持てたこと

「仕事のどんな点にやりがいを感じているのか」を言うことができなければ、仕事に対する意欲が低いと思われてもしかたありません。これまでの職歴で「楽しかった」「感激した」「自信を持てた」こと、また日常の業務で「うれしい」「やりがいがある」「達成感がある」ことを思い返して、回答を作っておきましょう。

なお、「現職ではやりがいがないので、もっとやりがいのある仕事に移りたい」という回答はいけません。仕事の「やりがい」は自分で見つけるもの。環境や周囲のせいにするのはマイナス評価になります。

希望する職種とマッチする内容にする

応募先の職種でのやりがいや喜びにもつながる話にします。

例えば、個人で活動する歩合制の営業職への応募で、「チーム一丸となって目標を達成したことが大きな喜びでした」と答えれば、企業が求めている人材とはみなされません。この場合には、「負けず嫌いなので、営業成績社内トップをめざすことにやりがいを覚えます」という応募者の方が評価されます。

やりがいや喜びが見つけにくい人は、「日常の業務の中で効率化を工夫することにやりがいを感じていました。例えば……」というように、「作業効率を上げる」「職場環境を整える」「顧客の課題を解決する」「来店客の居心地をよくする」などの切り口で実例を見つけるとよいでしょう。

やりがいを答えられない応募者は落ちる

OK

「役に立てたこと」を実感したときにやりがいを感じます。新規の飛び込み営業なので、冷たい対応を受けることが多いのですが、納得していただいて成約できたときの喜びは大きいです。

面接官 何か具体的なエピソードはありますか？

たくさんありますが、中でもランニングコストをそれまでの半分に下げるリース契約を提案できた取引先からは、後で社長直筆の感謝のお手紙をいただいたことがあり、感激しました。

本音 難しい状況の中でもやりがいを見いだしてよく努力しているみたいだ。地道な努力が成功に結びついた好例だな。

NG

正直なところを申しまして、現在の職場ではやりがいを感じられませんでした。もっとやりがいのある仕事をしたい、というのが転職を決心した大きな理由です。

面接官 それはお気の毒ですね。どうしてそんなことに？

待遇面を重視して入社を決めたのが失敗でした。残業が多くて疲れがたまり、やりがいよりもノルマをこなすことで手一杯になって、こんなはずではなかったと後悔しています。

本音 どの仕事でも、やりがいは自分で見いだすものなんだが。後ろ向きの話ばかりで、聞いていて気が滅入ってくるな。

まとめ 自分の体験をもとに話すことが重要

「仕事での喜びは？」に対する回答例

OK

これまで世の中になかった新しいものを生み出したときに大きな喜びを感じます。それが多くの人に支持されて、利用されているのを知ると励みになります。

面接官 これまでにどんなものを作りましたか？

特に建築積算ソフトと長期修繕計画ソフトがあります。マンション建設やその後のメンテナンス計画の現場で今も広く使われていて、自慢できるもののひとつです。

本音 仕事で達成できたことが強いモチベーションになっている様子。今後も仕事への高い意欲が期待できる。

OK

部署を取りまとめていく立場を経験するにつれ、部下の成長に喜びを感じるようになってきました。新しく入ってきた仲間の意欲を向上させることに気を配っています。

面接官 成長をサポートするための秘訣というものはありますか？

チームの中での位置付けを明確にしてあげることを一番に考えています。新人が業務の輪の一環として順調に成長していく姿を見ると、私自身もともに、少しは成長したかなと感じます。

本音 人材の育成はわが社にとっても大きな課題だからな。そこに関心を持って成功を収めているのは、得難い体験だな。

まとめ 仕事に対する意欲や方向性をしっかり出そう

第4章

これで必勝!
自分をアピールする

●自己PRがうまい応募者が勝つ!

1 自己紹介をお願いします

質問の意図

- どんな人だろう？
- コミュニケーション能力や会話は大丈夫かな？
- 選考書類の内容を補足する情報はあるかな？

基本的な回答内容

基本的に、次の順序で話しておけば失敗はありません。

① **名前・年齢・最終学歴**

② **職務経歴**

③ **実績、スキル、強み**

④ **「以上です。どうぞよろしくお願いいたします！」など、締めの言葉**

1分程度で話せるように回答を準備しておきましょう。

職務経歴について

最終学歴については、校名、大学なら専攻名まで答えます。

職務経歴は、「どこの会社で、どのくらいの期間、どんな仕事をやってきたか」をまとめて紹介します。

この質問では「わかりやすく自己紹介できるか」というコミュニケーション能力も試されています。ポイントを押さえた、すっきりした自己紹介を心がけましょう。

面接官の手元には職務経歴書がありますから、内容に食い違いがないように話す必要があります。しかし、書類を棒読みするだけではプラス評価にはなりません。重要な経歴や職歴をざっと紹介しつつ、「総務部では、経営の根幹となるマネジメントについて目を向けるようになりました」などと、各職務で身につけたことや実績などを加えると好印象です。

職務経歴をまとめた自己紹介

OK

初めまして。夏目太郎と申します。○○大学経済学部を2003年3月に卒業。現在32歳です。新卒からの10年間で3つの企業にお世話になってきました。いずれも輸入販売を中心とする商社です。英語のほか、フランス語とイタリア語の日常会話ができるので、一貫してヨーロッパでのバイヤーの業務を担当してきました。扱ってきたのは服飾が主でした。先月退職いたしました株式会社○○では、5年間在籍し、ヨーロッパ雑貨や照明器具といった分野を取り扱う経験を積むことができました。その点、御社の扱われている商品と共通するかと思います。以上です。本日は何とぞよろしくお願いいたします。

本音 職務経歴書の情報からポイントを絞った上で、プラスアルファの情報も話してくれているのでわかりやすいわ。

NG

夏目太郎と申します。○○大学経済学部を2003年3月に卒業し、現在32歳です。同年4月に××株式会社に入社し、法人営業を担当する部署へ配属されました。2006年2月に一身上の都合で同社を退職し、同年12月より△△株式会社に入社、やはり法人営業を主に担当しました。2008年6月に同社を退職いたしまして、同年10月に株式会社□□へ入社、こちらでは前職の経験をもとに、営業の前線をサポートする営業事務の役割を5年間担当しておりましたが、先月退職いたしまして、このたび、御社での営業事務職の募集要項を拝見して応募させていただきました。

本音 転職を繰り返しているようね。職務経歴書をなぞっているだけで何のアピールも感じられないわ。

まとめ ポイントを押さえた無駄のない回答にする

実績、スキルをアピール

自己紹介で大切なことは、単なる名前や経歴の紹介で終えずに、「自己PR」につながるような話をさしはさむことです。

職歴に絡めて、実績や習得したスキルを簡単に紹介しておきましょう。実績は「新たな販売経路を開拓して、前年比120%の売上高を達成しました」などと具体的な数字で表すと効果的です。また、「パワーポイントを使った会議での報告、プレゼンが得意です」など、書類では触れなかったスキルを挙げると話が広がります。

経歴が多いときのまとめ方

転職や転属が多い人は、経歴紹介が長くなりがちなので、企業が求めている経験だけを選び出して簡略化するとよいでしょう。

① 業界・職種ごとにまとめる

「貿易業界にて○年間、その後はアパレル業界に移って○年間、一貫して経理畑だけを歩んできました」などと、「一貫性」を強調することが大切です。

② 1社だけをクローズアップする

知名度が高い企業、自分が役職に就いた会社など、アピールしたい経歴を取り上げます。また、応募内容に最もマッチした経歴だけを選び、「特に○○○株式会社で経験した、量販店に対する提案営業の実績を活かし、御社に貢献したいと考えています」などと回答するのもよいでしょう。

終わりをきちんと締める

話がどこで終わったのかわからないとコミュニケーション能力が低い印象を与えかねません。そこで最後に「以上です。どうぞよろしくお願いします！」とエンディングを宣言し、面接官にバトンを渡します。気持ちよく自己紹介を締めれば、面接の流れもスムーズになります。

実績やスキルを伝える自己紹介

OK

夏目太郎と申します。これまで、戸建住宅のリフォーム分野で、営業ノウハウと実績を積んできました。特に○○株式会社に勤務した一昨年には、都内城西地区エリアを担当し、月平均３件の成約をまとめて、部内トップの成績でした。戸建リフォームは、お客様個人との個別相談から課題とニーズをくみ取る提案型の営業が必須です。空室物件のリフォームから販売を手がける御社のビジネスモデルでは、顧客の要望を先取りして反映する必要があると考えますが、その点、私が学んできた課題解決型の営業スタイルは、必ず御社のビジネスモデルでも貢献できると思います。以上です。どうぞよろしくお願いいたします。

本音 実績を数字で挙げてくれているのでわかりやすい。わが社にぴったりの経験を積んでいるようだし、即戦力だな。

NG

夏目太郎と申します。これまで、住宅リフォームの分野で営業に従事してまいりました。築年数の経過したアパートやマンションなどを全面的にリフォームし、新たな付加価値を伴う物件として提供するのが中心的な業務でした。

私は、今までのキャリアを通じてリフォームの重要なポイントは習得できていると思います。この経験を活かせば、今後戸建住宅リフォームの分野で成長をめざす御社に、必ず貢献できると考えて応募いたしました。

本音 実績がまったくわからない。同じ業界だからといって、わが社の仕事に直結するスキルかどうかにも疑問が残る。

まとめ 応募業務に直結するスキルへと結びつける

第4章

2 自己PRをお願いします

質問の意図

- どんな仕事をしてきたのかな？
- こちらが必要なスキル、能力、実績はあるかな？
- 他の応募者と比べて、有能な人材だろうか？

自己紹介ではないので、学歴などは省略して、単刀直入にセールスポイントをアピールします。「自己PR」は、応募先に自分を売り込む最大のチャンスと考えて、必ず準備をしておいてください。第二新卒でも、セールスポイントは大学時代の活動ではなく、仕事上のエピソードを選びます。「前職でどんなことをしていたか」、それが「応募先でどのように役立つか、何によって貢献できるのか」というストーリーを自己PRの核にします。

アピールは複数準備しておくこと

自己PRの回答内容には、次の要素があります。

- **これまでどんな仕事をしてきたか**
- **どんな実績があるのか**
- **どんな強み、スキルがあるのか**

そのため「一番の実績は何ですか」「あなたの強みは何ですか」など、似たタイプの質問を続けられたときに、同じエピソードやアピールの繰り返しになってしまうことがあります。そこで、

- **仕事の実績からのアピール**
- **仕事に対する姿勢、モットー、心がけからのアピール**
- **自分の長所や強みからのアピール**

というように違う切り口から最低1つずつのエピソードやアピール回答を用意しておきます。この準備をしておくと、似た質問にもあわてないで、別の側面から自己アピールを付け加えていくことができます。

総務職の回答例

OK

総務部で経理を担当しています。日常業務の中に課題を見つけて、チャレンジし、改善、解決していくことが好きで、得意です。

面接官 例えばどんなことでしょうか？

エクセルの新しいシートを使って経理作業の効率化を図るのはいつも私の役でした。あと、取引先と債務弁済契約書を交わしたことがあったのですが、司法書士に依頼する費用を削るため、公証人役場を訪ねて独力でやりとげました。

本音 積極的な姿勢がわかるエピソードね。経理職としては他の応募者とは一味違う感じがするわ。

NG

友人からは、石橋をたたいて渡るような性格だといわれます。よく考えてから行動するので、仕事をミスなく計画的に進められます。これは特に事務職では重要な資質だと思います。

面接官 周囲からはどんな評価を受けていましたか？

たまに私が処理した書類に間違いがあると他の社員から驚かれるほどで、事務処理の正確さと迅速さに定評がありました。御社でも必ずやお役に立てると考えています。

本音 慎重、正確なのは確かに大切だけど、当然のこと。それだけをアピールされてもねえ……。

まとめ **他の応募者より一歩前に出るアピールが好印象**

実績を自己PRにする

実績を説明するときは、数値や評価で具体的に説明することが必要です。ただし「前年比20%増の売上高を記録した」という数値をアピールしても、同じ数値が応募先でも期待できるかどうかはわかりません。それだけの実績が「応募先でも再現できる」という期待を面接官に与える必要があります。そのためには、「方法、理由、原因は何だったか」をアピールします。「顧客リストをデータベース化して、見込み客の洗い出しを徹底した」というように、成果に至ったプロセスや工夫したポイントを具体的に挙げることで、採用後の活躍をイメージさせることができます。

モットーや心がけを自己PRにする

仕事で心がけてきたこと、自分なりのアイデアや工夫、モットーなどを自己PRにします。この場合は、「何事にも前向き」とか「いつでも積極的」「職場の雰囲気を明るく」というような抽象的な言葉になりがちなので、次のような、具体的な事例や場面で説明しましょう。

- **毎日テーブルやイスの裏まで拭き掃除をする**
- **「忙しい」「疲れた」という言葉は使わない**
- **メモ魔で、報告、連絡、相談をこまめにする**
- **どんなに小さなことにでも「ありがとう」の気持ち**
- **注意や指導を受けたら、自分が伸びるチャンス**

長所や強みを自己PRにする

性格的な長所をPRするときは、応募先の業務で活かせる強みを選ぶことです。例えば、営業への転職なら「明るさ、フットワーク、交渉力、聞く力」、経理なら「正確さ、集中力、忍耐力、几帳面さ」などの強みになります。

そして、「集中力があることです。納期が極端に短い場合も、持ち前の集中力で取り組み、期限内に完成させました」というように、長所が発揮された状況や成果を明確にすると、より説得力が増します。

接客職の回答例

OK

ホテルのフロント業務では「お客様が求めているサービス」を「最適なタイミング」で提供できるように努力してきました。その熱意と努力は販売職でも活用できると考えています。

面接官 というと、具体的にはどんなことですか？

販売職でもお客様を常に視野に入れて、何か聞きたいと思われた瞬間を逃さず声をかけるようにしたいと思います。また、勉強熱心なので、商品知識の吸収でも人より早い自信があります。

本音 当たり前なことだが、接客の基本に欠かせないことをわきまえているし、熱意が感じられて好印象。

NG

私は、常に努力と笑顔を惜しみません。前職の受付業務では、質の高い接客マナーを身につけることができました。また、海外のお客様への応対にも自信があります。

面接官 販売職ではまた違った役割が求められますが、いかがですか？

仕事覚えの早さは人に負けたことがありません。早く一人前になれるよう、未経験の分野に挑戦できるのが今から楽しみです。持ち前の明るさと前向きな気持ちでがんばります。

本音 明るい性格はわかるけど、「努力と笑顔」とか、「質の高い接客マナー」とか、どうも具体性に欠けるな。

まとめ 実際の仕事をイメージできる臨場感ある回答を

異業種へ転職するときの自己PR

自分が未経験の業界や職種への転職では、自分の長所、経験が応募先の業務で活かせるのかを考える必要があります。

次のような観点から見てみましょう。

- **どの仕事にも通用する長所**

協調性、適応力、積極性、行動力、主体性、指導力、実直さなど

- **どの仕事にも通用する知識、経験、心がけ**

チームでの自分の役割、自発的な改善経験、パソコン技能など

協調性、適応力、交渉力など、人間関係に関する長所、能力は、どんな仕事でも発揮できます。こうした長所、能力を職務経歴で裏付けながら具体的にアピールしましょう。

例えば「販売スタッフとして店頭での接客に従事してきましたので、会話を通じた顧客との密接な関係づくりには自信があります」というように話します。

また、仕事への真面目な取り組み方がわかる心がけ、自発的に職場環境や仕事を改善したエピソードなども好印象を与えることができます。

例えば「無遅刻無欠勤に加えて、毎朝30分前には出社してその日一日の計画を立てて業務をしてきたことが自慢です」というように話します。

チームでの自分の役割を心得た行動、新人育成指導、マネジメント能力、パソコン技能なども、ほとんどの仕事でアピールできる経験です。

これも「副店長としてアルバイトの指導に気を配り、高い定着率を達成できました」などという職務上のエピソードから自己PRをします。

また、転職回数が多い人なら、「仕事ののみ込みが早いことです」「さまざまな企業での経験を通じ、順応性や適応力、協調性を身につけました」といった回答もアピール材料になるでしょう。

106ページに、「主な職務で求められる強み」を紹介してありますから、それも参考にして自己PRを作ってください。

技術職の回答例

OK

自社向けシステムの開発が主要な業務でしたが、長期間にわたる３つの大きなプロジェクトにかかわり、そこでチーム全体の工程と進捗管理について経験を積んだのが私の強みです。

面接官 長期間というと、どのくらいの規模のプロジェクトですか？

半年のものが１つ、約１年のものが２つです。設計業務の精度に加え、進捗状況を全員で共有できるように工程管理ツールを作ったことがうまく機能して、予定よりも早く終わりました。

本 音 システム開発業務でのチーム内の役割がよくわかる。わが社の職務でも使えそうな人材だ。

NG

ソフトウェアの開発現場で、実務経験を積んできました。特にJavaには自信があります。仕事に対しては誠実に取り組む性格で、職場の先輩や上司からの信頼も厚いほうでした。

面接官 その他の開発言語を使用した経験はどの程度ありますか？

はい。PHP、Rubyなど数多くの開発言語に対応可能です。これからも初心を忘れず誠実に取り組む姿勢で、これまでの経験を活かして御社に貢献したいと考えています。

本 音 「誠実に取り組む」という言葉では、これまでの実績が明確にならない。具体的な実績を伝えてくれないとダメ。

まとめ **これまでの実績を応募先でも再現する期待を抱かせる**

3 あなたの短所はどんなところですか？

質問の意図

- 自己を客観的に見られる人か？
- 欠点をどう克服しようとしているか？
- 新しい職場環境に適応できる人柄か？

ネガティブな印象を残さない

例えば「集中力に欠ける」「時間にルーズ」「体が弱い」などと答えては、業務に支障をきたしそうでマイナスの印象しか与えません。質問の趣旨は「自分の欠点をわかっていて対応できているか」を知ろうというものなので、正直に欠点をさらす必要はありません。

短所と自分の対処法をセットにして言うことがポイントです。例えば、

- **「優柔不断なところがある」という短所には、「仕事では、即決するものと熟慮を要するものとを区別するようにしている」**
- **「やや自己主張が強く、思ったことをすぐ口に出してしまうことがある」という短所には、「相手の気持ちを配慮するよう、一呼吸おいて話すようにしている」**

など、短所を自覚していて修正を心がけている現状までを回答すると、良い印象を残すことができます。

「短所は長所の裏返し」で回答するのはNG

「がんばって集中しすぎるところがあり、周囲が見えなくなってしまうことがあります」「責任感が強すぎて、自分で何でも抱え込むところがあります」など、「長所の裏返しの短所を答える」トークを勧める転職本やサイトがあります。この回答法は、非常にありふれたマニュアルトークになってしまっているので、場数を踏んだ面接官をうんざりさせることもあり、注意が必要です。

完璧主義という回答例

OK

完璧主義で、細かいことが気になってしまうところです。時間の余裕があまりないプレゼン資料作成などでも、ついレイアウト構成にこだわったりしてしまいます。

面接官 それでは仕事の効率が悪くなってしまいますね？

おっしゃる通りで、効率性が課題です。なので「あと10分の間に求められていることは何か？ 最低限達成するべきことはどれか？」と優先順位をつけることを習慣にしています。

本音 短所を自覚して、自分を客観的に見ている。また、短所をカバーする具体策を実行している点でも優秀な人材だ。

NG

やや神経質なところがあって、何事もいい加減にできません。よく理解した上できっちり進めたいほうなので、最初は少し仕事が遅れがちになります。

面接官 それでは期日までに仕上げられないこともありませんか？

いえ、残業したり家に持ち帰って仕上げるなど、間に合わせるよう努力しています。ですが、急ぎの仕事を振られるとあわてて気が動転してしまうこともあり、その克服が今後の課題です。

本音 正確さを求めるのはいいが、ビジネスでは速さも大切。仕事の正確さと速さを両立できるか、心配だなあ。

まとめ 短所を克服しようとしている努力の姿勢を示す

第4章

4 周りからどんな人だと言われますか?

質問の意図

- 良い評価を受けている人材かな？
- 周囲からどういう人と思われているのかな？
- 人間関係を問題なく過ごしているかな？

本人からではない、周囲からの評価、人物批評の言葉を聞くことで、応募者の長所や人柄を判断しようとする質問です。応募者の印象と自己ＰＲのイメージが違う場合に聞かれることも多いようです。

また、職場の仲間や友人とうまく関係を築いているか、コミュニケーション能力や人間性を確かめる意味もあります。

自己PRは控えめに

回答の基本は、「はい。周囲からは縁の下の力持ちタイプと言われます」など、周囲から受けた良い評価を簡潔に答えます。

これに続けて具体的なエピソードなどを長々と話すのはいけません。ここでの質問は、単に「周囲からどんな人と言われますか」だけですから、これ以上の回答は、暴走、先走りで、会話の空気が読めない人というレッテルを貼られます。面接官は、この回答をきっかけに「どうしてそのように言われるのだと思いますか」などと関連する質問を続けてきます。ですから、以降の会話を想定していったん面接官の方にバトンを渡すわけです。このように自然な流れの中でさりげなく自己PRをしていくことが、面接のセオリーです。

また、会話が進行し、次々と掘り下げて質問されると、無理に作ったエピソードなどは、つじつまが合わなくなって説得力を失う場合がありますから、できるだけ実際の自分に合っている評価を言うようにしてください。

仕事上の評価からの回答例

OK

「勉強熱心」とか「凝り性」とか言われます。疑問点の解決を検索ですます人も多いですが、私はエクセルとか経理ソフトのガイドブックや習得本を読み込んでいるからだろうと思います。

面接官 真面目なんですね。

もちろん真面目ですが、パソコン業務が好きなことも大きいです。経理の仕事はエクセルのシートや専門ソフトに頼るところが多いので、少しでも効率が上がるようにいつも考えています。

本 音 経理やパソコン業務が好きで、強い向上心、熱心な仕事への取り組みがうかがわれる。

OK

「先生」などと茶化されることがあります。周囲が知らないことを知っていたり、何かあると、私が率先して解決していくからではないかと思います。

面接官 例えばどんなことを解決されたのですか？

オフィス機器のトラブル対応とか、初めて使うアプリケーションの使用法とか、とにかく何かわからないことがあると、チームの誰もがまず私に尋ねてくるようになっています。

本 音 物事の理解力や応用力があるんだな。社内でのコミュニケーションも円滑にできるような印象だ。

まとめ 自分の「長所」を第三者の視点から回答する

組織の中で果たした役割から考える

周囲からの評価や意見を聞いたことなどない、あるいは覚えていないという人も多いでしょう。その場合は「組織や仲間の中でどんな役割を果たすことが多かったか」を考えて、自分で作ってかまいません。

例えば、「仕事の上でのアドバイスはもちろん、日常でも相談を持ちかけられることがある」なら、このエピソードを周囲から受けた評価という形にして「周囲から相談を持ちかけられることが多く、頼りがいがあると言われます」と回答します。つまり、自分の性格や強みを人の評価の言葉に変換して説明するわけです。

「周囲からの評価」の例

後輩、同僚、上役からの仕事上の評価を言うのは、間違いなくイメージアップになります。また、円満な人間関係をアピールできるような評価もＯＫ。人間性の幅を示す言葉はプラス評価になります。

●職場での評価の例

・アイデアマン	・行動力のかたまり	・縁の下の力持ち
・明るくて接客向き	・営業部のエース	・交渉ごとの切り札
・わが社のホープ	・コンピュータみたい	・とにかく真面目、勤勉

●対人関係上の評価の例

・面倒見がよい	・気配りの鬼	・聞き上手
・義理人情に厚い	・親方、ボス	・盛り上げ役
・優しい人	・潤滑剤	・誠実、信頼できる

上に挙げたような表現は、自分の自己PRでは使いづらいものですが、人からの評価としてなら大丈夫です。

対人スキルからの回答例

OK

同僚からは「気配りの天才」と言われます。自分では特に周囲に気を遣っているつもりはなくて、当たり前のことをしているだけですが。

面接官 どんなことで気配りできると言われているのでしょう？

人のコーヒーの砂糖やミルクの好みを覚えているとか、コピー用紙が切れないようにするとか、ゴミがたまっていると真っ先に私が片付けるとか、まあ、たいした気遣いではないのですが。

本 音 実際の体験から話してくれているようね。自然な気配りができるというのは、総務部に欠かせない才能。

OK

「後輩の面倒見がよい」と言われます。学生時代から後輩をかわいがるほうでしたが、会社でも何とか一人前の社員に育ってほしいと考えて指導してきたからだろうと思います。

面接官 後輩の指導では何か秘訣のようなものがありますか？

仕事上の相談を受ける際、ごく初歩的な内容で正直あきれてしまうようなこともあるのですが、その場合も、批判めいた態度は極力抑えてアドバイスするようにしていました。

本 音 良い人間関係を築くスキルがありそう。マネジメントについての考え方も好感が持てるわ。

まとめ 人間性の幅を示す回答は高ポイント

第4章

5 あなたの強みは何でしょうか？

質問の意図

- 必要なスキルや能力はあるだろうか？
- 採用に踏み切る「決め手」があるか？
- 企業研究をした上で応募してきたのか？

「強み」を聞かれたらチャンス

「強みは何ですか」という質問には、「自己PR」や「長所」とは少し違ったニュアンスが含まれています。「自己PR」や「長所」の質問は、面接の初めのほうで出されるのに対し、「強み」を尋ねられることは終盤が多いのです。この理由は、見込みがありそうな応募者の採用の決め手を探しているから。つまり、「有望な人材だ。もうひと押し、採用へ踏み切るための決め手を与えてほしい」というサインなのです。ですから、回答に必要なのは「他の応募者との差別化を図ること」。自分の強み、特に業務上の実績、スキル、得意なことを具体的に売り込みましょう。

応募先で発揮できる強みを回答する

「求めるスキルとマッチした人材」という印象を強めるには、応募先が求めるものと、自分が仕事で得たスキルや発揮できる強みの何がマッチしているかを見極める必要があります。例えば営業職なのに、「縁の下の力持ちで人を裏から支えることが得意」、経理職なのに「負けず嫌いで成果を出すことができます」などのアピールはピント外れ。職務に応じた強みを意識して回答します。

また、即戦力をアピールするのですから、性格の長所や精神的な強みよりビジネススキルのほうがベター。業務知識、習得した技術、スキルを用意しておきます。単なるアピールではなく、具体的な実績やエピソードで裏付けることが大切です。

営業職の回答例

OK

アフターケアに重点を置く営業スタイルが私の強みといえます。今ご利用くださっているお客様が、次の機会にリピーターになってくださることを目標にしています。

面接官 そのために、どんなことに気をつけていますか？

点検や車検では必ず私が車を受け取りに行くなど、基本はまめに顔を出すことです。そのとき車の調子を見て、買い替え時期を見積もっています。売上の六割は買い替えや増車ですね。

本音 いかにも仕事熱心でやり手の営業マンというタイプだな。これならきっと客の受けもいいだろう。

NG

足で稼ぐタイプの営業マンでフットワークの軽さが身上です。新規顧客開拓のための飛び込みで、１日に50件の企業を訪問したことがあります。

面接官 行動力のほかに重視しているポイントはありますか？

営業に結びつく窓口を広げようと考えています。そのため異業種の名刺交換会といった機会も積極的にとらえて参加するようにしています。

本音 やる気と行動力は感じられるが、できる営業マンかというとちょっとどうかな。営業成績を聞いてみようか。

まとめ **具体的なビジネススキル、実績を挙げる**

主な職務で求められる強み

主な職務で求められる強みや実績を次に挙げておきます。応募職務に関連する自分の実績、経験、強みは書き出しておくとよいでしょう。

一般事務・経理

業務効率化をした実績、コスト削減の貢献、応募先の求める資格、パソコンスキル（会計ソフト習熟）、税務処理、決算業務、経営分析、予算計画参加

総務・人事

何でも屋として活躍、コミュニケーション能力、社内調整、対外交渉、採用人事業務、社員研修業務、人事・労務の法令理解

営 業

取扱商品・顧客層・商圏・営業スタイルの応募先との一致、数字で表せる実績・成績、新規市場の開拓経験、営業企画の実績

販売・接客

店長――スタッフの育成、商品管理、クレーム処理、売上実績

販売員――商品知識の習得、接客能力、マナー、販促や売上実績

販売促進――得意な商品分野、企画・実施した販促の実績、企画力

企画・マーケティング

得意な商品分野、情報力、発想力、企画実績、市場の把握、ニーズの分析、スタッフとの連携、ヒット商品の実績

技術・研究開発

技術レベル、具体的な設計経験、使用機種・ＯＳ・ソフト、チーム内の役割、マネジメントの経験、ヒット商品の実績

制作・クリエイティブ

得意分野、企画力、実際の作品、パソコンソフトの習熟、マネジメントの経験、ヒット商品の実績

総合職の回答例

OK

私の強みは、総務の仕事全般に携わってきたことです。総務、人事、経理などの社内業務なら、状況に応じてすべてに対応できる自信があります。

面接官 具体的には、どのように役立つことができそうですか？

前職も御社と規模が同程度の企業での総合職でした。総務部は社内の何でも屋という認識です。経理実務はもちろん、労務関係、社員研修、採用からお花見の席取りまで、何でもこなせます。

本 音 エキスパートとしての経験はもうひとつだが、わが社の総務職の実情にぴったりマッチした人材だ。

NG

日商簿記２級の資格を活かし、経理部門で実績を積んできたことです。決算書類の作成までひと通りの知識があり、エキスパートとしてお役に立てると考えています。

面接官 庶務や人事といった分野も、担当していただけますか？

もちろん、任された業務は誠心誠意果たさせていただきます。ですが経理以外の分野は経験が浅いため、すぐ即戦力として活躍するまでの自信はない、というのが正直なところです。

本 音 総務職で、広い業務範囲をこなしてもらいたいんだが。能力はあっても求める人材とはマッチしていないかな。

まとめ 採用側が求める条件をクリアしていることを強調

6 当社にはどんなことで貢献できますか？

質問の意図

- 即戦力になる人材か？
- 採用した後の働きをイメージできるか？
- 将来的なキャリアビジョンを持っているか？

内定を決める回答を出そう

「貢献できるか」という問いをそのまま受け止めると、「入社してみないとわからない」という回答になりますが、「自己PR」「長所」「強み」とほぼ同じような質問と考えてかまいません。回答手順も会社の業務内容と自身の能力・スキルを結びつけて、具体的エピソードで裏付けるという流れはほとんど同じです。

ただし、この質問では応募先の需要にぴったり見合った能力・スキルのアピールが求められていると考えてください。つまり、「あなたは即戦力になりますか？」ということです。そして、この質問が出るということは、ある程度内定に近づいていると考えてかまいません。内定を決める回答で答えましょう。

実績と能力で回答する

応募先の業務と同様の仕事をこなしてきた実績、応募先で役立つ資格や知識など、応募先の業務にぴったりマッチするアピールができればそれがベストです。

応募先の商品（何を売っているか、何を作っているか）、業務内容（どのような作業が必要か）、市場（どこで売っているか）、顧客層（誰を相手にしているか）と、自分の職歴や能力を比較して、マッチしていることを優先してアピールします。ここで、応募先の業務に直結するアピールができれば、ほぼ内定を決めることができるでしょう。

制作職の回答例

OK

自社ECサイトの企画・制作を通じ、特にユーザビリティの向上を追求してテストを繰り返してきた経験は、御社での業務に必ず役立つと確信しています。

面接官 例えばどんなテストをしたのでしょうか？

毎日のデータの推移を参照しながら、閲覧してもらいやすいレイアウトや、売上に結びつくフォーマットなど、より機能的なデザインにする方法を把握することができました。

本 音 アピールに具体性があって、何をやってきたのかよくわかる。わが社でも結果を出してくれそうな人材だ。

NG

私がかかわった案件は、ほとんどクライアントの売上をアップさせています。Webデザインを通じて、ビジネスとしての結果を生み出すことで御社に貢献できると考えています。

面接官「ビジネスとしての結果」とはどんなことでしょう？

制作物の完成度が高くても、売上に結びつかなければ自己満足に過ぎません。その点でビジネス感覚を重視し、成果にこだわるクリエイターとして実績を上げてきました。

本 音 言っていることは何となくわかるが、どうも抽象的だな。方法論や具体的な実績を話してくれないと……。

まとめ **具体的なエピソードで貢献できることを裏付ける**

面接官の望む方向から回答する

事前の企業研究が必要なのはもちろんですが、もうひとつ、面接官の要望をくみ取ってアレンジする方法があります。面接の中で、具体的な業務や事業の説明を聞いていた場合に、それとリンクする自分の経験や知識をアピールするのです。

例えば「今日の面接で新規事業への参入をお考えになっているというお話を聞き、その方面で私のベンチャービジネスでの経験が活かせるのでは、という思いを強くしました」などと、応募先の事業展開や要望と自分の経験を結びつけて回答すれば、採用した後の仕事ぶりを強くイメージさせることができます。

将来の目標や理想像から回答する

自分のビジョンや仕事の理想像をもとに回答することもできます。この場合には、自分の将来像を提示して、今後も長く続く会社への貢献イメージを描くわけです。

例えば、「２年以内にアプリケーションソフトを担当するSEとしての知識、技術を極めて、５年以内にプロダクトマネージャーとして会社に貢献することが当面の目標です。御社の業務環境は○○という点でその目標にうってつけのものだと確信しています」などと、応募先の事業と役職（役割分担）に合った将来像を提示できれば、面接官にあなたの入社後の具体的なイメージを描いてもらえます。

応募先での人事や昇進制度を把握していれば、キャリアプランを説明することで、将来活躍するイメージをはっきりさせる効果があることを覚えておきましょう。

将来的に管理職をめざしたいのか、それとも専門分野での能力を極めたいのかによっても、今後のキャリアの方向は大きく異なってきます。自分のキャリアビジョンと応募先の人事制度がマッチしていることを確認しておくことも大切です。

商品企画職の回答例

OK

前職では25～35歳の女性をターゲットとした化粧品の販促企画を手がけていました。キャリアウーマンの購買心理などに関する分析手法は御社の商品企画に反映できると考えています。

面接官 弊社では、どんなことをしたいと思いますか？

消費性向の高い年齢層のキャリアウーマンに焦点を当てて、御社の製品のラインナップの中で、新しいブランド展開を提案したいと思っております。

本音 25～35歳はわが社のメインターゲットとも重なるし、購買の動機など、基本的な知識もありそうね。

NG

マーケティング担当として、私なりのノウハウを通じて現場の声、消費者の声を拾い上げることを心がけてきました。この方針を御社の製品の向上に役立てたいと考えています。

面接官 どのようなノウハウ、方法をお持ちなのでしょうか？

ヒット商品やサービスは必ず自分で試します。次に利用者へのヒアリングなどでリサーチします。この情報から、何が消費者を魅了しているのかを分析し、企画のヒントとしています。

本音 ノウハウという割には、ありきたり。そこからこんなヒットに結びつけた、という実例はないの？

まとめ 企業側が求めている能力にマッチしたことを話す

TOPIC 圧迫面接の対処法

◆ 圧迫面接かどうかの判定方法

▶ 面接開始から面接官が横柄で嫌みや文句の連続

これは圧迫面接ではありません。ただ面接官の企業人としてのレベルが低いだけ。こういった面接をする会社はお勧めできませんが、どうしても入りたい会社で、何回かの面接で、たまたまその面接官だけがひどかったという場合には、大人の対応で耐え抜くこともありです。

▶ こちらのハンデについて突っ込んでくる

例えば「うわ、転職回数多いね」「え、３か月で辞めてるの」「お子さんがいちゃ残業無理でしょ」などの言葉です。これも圧迫面接ではありません。ポロッと面接官の本音がもれたケース。こちらのハンデが気にかかっているわけですから、面接官が納得できる回答で返事をします。「第６章　大丈夫!!ハンディを逆転する応答」を読んで回答を用意しておきましょう。

▶ 面接後半でガラッと態度や口調が変わって突っかかってくる

「履歴書の字が汚いね」「実際のところつらい仕事だけど大丈夫なの」など、挑発するような言葉がくる場合。これが圧迫面接です。応募者の反応から本音や素の性格を引き出すのが目的で、クレーム対応部門などの募集で多く見られます。この場合、圧迫を乗り切れば内定が見えてくると考えてください。

◆ 圧迫面接の対応法

クレームを言ってきた客に対処するには、低姿勢で大人の対応が求められます。圧迫面接の対応もこれと同様。字が汚いと言われたら「そうなんです。でも仕事ではたいていパソコン入力になって助かりました」。つらい仕事だと言われたら「おっしゃる通り、たいへんな仕事だと思います。でも、だからこそやりがいがあると考えています」。カチンときてまともに反論するのは論外。冷静に対処できるかどうかだけを見られていると考えて対応します。

第5章

熱意を見せる!
志望動機は準備で決まる

●志望動機をプラス評価に変える応募先の調査

第5章

1 当社について どんなことをご存知ですか？

質問の意図

- 入社意欲はどの程度のものだろうか？
- 下調べ、情報収集などの努力がちゃんとできる人か？
- わが社のどこに共感、興味、魅力を感じたのか？

ホームページを確認しておく

応募先のことをきちんとわかった上で応募してきたのか、また、どの程度本気で応募しているのかを確認する質問です。

自分が入社するかもしれない会社です。資本金・従業員数・代表者名・売上高・主要商品・直近の株価などは頭に入れてから面接に行きましょう。

またホームページには、企業理念、経営理念など、会社の方針が掲載されています。企業の根幹となる思想ですから、そこに共感を覚えて、という展開で入社意欲をアピールすることもできます。

ネットで業界について知る

応募先の会社が属する業界について調べておくと、その会社についてもより深く理解できます。

「○○業界　課題」「○○業界　問題」「○○業界　展望」などでネット検索したり、同業他社のホームページなどと比較したりすることで、業界の特徴をつかむことができます。

特に次の点は把握しておきましょう。

- **業界全体の課題、現状の問題点は何か？**
- **業界内でのライバル会社はどこか？**
- **同業他社との最も大きな違いはどこにあるか？**

ネット情報からの回答例

OK

「Heart & Earth = HEARTH」に共感しました。また、首都圏が主力なので、自分にやりがいがある環境だと思います。

面接官 それはなぜでしょうか？

首都圏は、省エネ、防犯、デザインなど、ニーズが多様化しており、こだわりをもったお客様が多いため、私の課題解決提案型の営業スタイルがマッチしています。御社の技術も多様なニーズに応えている点で業界でも特徴的な会社だと理解しています。

本音 なるほど、わが社の特徴をよくわかっているし、自分の営業スタイルにも自信があるようだな。

NG

御社のホームページを拝見しました。そこにあった「Heart & Earth = HEARTHの住まいづくり」という企業理念に興味を引かれました。

面接官 なるほど。その内容についてはご存知ですか？

特にEarthというキーワードは、環境問題への取り組みという、私にとって最大の関心事を意味していることがわかり、強く共感を覚えたところから応募させていただいた次第です。

本音 ホームページをざっと読んだだけだな。当たり前の情報と感想で終わってる。

まとめ ホームページの情報だけではプラス評価されない

実際に利用した感想を話す

小売業なら、実際の店舗に下見に行ってみましょう。現場を見て、販促活動や接客姿勢など、気がついたことや興味を覚えた点、さらに自分ならこうするという改善点を考えて回答にすることができます。

メーカーであれば、実際にその製品を購入して使用することで、同様の意見が見つかります。また、「以前から御社の製品を愛用している」「高い評判をよく耳にする」といった形で意見を述べる方法もあります。

ただし面接質問には、簡潔に答えるのが原則です。言い過ぎを嫌う面接官もいますから、感想や改善点などは、長々と話さないほうがよいでしょう。引き続いて質問された場合に備えて意見としてまとめておきます。

企業研究で入社意欲を示す

例えば、応募先企業の会長、社長が本を出版しているときは読んでおき、共感したことを伝えることもできます。「ビジネス雑誌の特集記事で知り、社長の斬新な発想に感銘を受けた」など、その企業に興味を抱いたきっかけとして話すこともできます。

その他、最近ではソーシャル・ネットワーキングを通じて企業情報を得られるサービスもあります。ともかく「できる限りの調査はしておく」という姿勢で事前の企業研究をして、入社意欲を示すことが大切です。

情報収集の題材が見つからない場合

応募先が中小企業の場合、企業研究をしようにも題材が見つからないケースもあるでしょう。しかし、この場合は、面接官が質問する理由も、事業内容や募集職種の確認をしておく程度です。ですから、「求人広告で拝見した程度の知識ですが……」などと付け加えたりせず、単に「○○○を主要な事業とされていると理解しています」というように、知っていることだけを答えれば十分です。

現場の情報からの回答例

OK

自然食品のチェーン店はたくさんありますが、100%自社の契約農家だけから仕入れていて、全品に生産者のタグを付けている点が際立っていると思います。買い付けも担当者が直接出向くことにこだわっていて、効率重視のチェーンでない点が大好きです。

面接官 ご利用になったことはありますか？

もちろんです。週2回は新宿店に通って、お弁当や野菜を買っています。震災後は原発事故の影響を考慮して西日本からの入荷が増えているようでした。また2週間前の雑穀フェアのPOPがとてもうまくできていて、感心しました。

面接官 ありがとうございます。何か課題などはあるでしょうか？

はい、ここからは推測になりますが、契約農家の数が約150軒で32店舗ですので、自然災害や天候の影響で仕入れが不安定になることがあると思われます。また、有機、減農薬が実際にどの程度のものかを徹底調査してもっと情報開示をする方が、こだわりのあるお客様にアピールできると思います。

本音 食の安全に対する高い意識が、わが社にぴったりの人材だ。問題点の指摘も的確だし、かなり好印象だぞ。

まとめ 足で集めた自分の情報、感想、意見を述べると高評価

第5章

2 当社を志望した理由をお話しください

質問の意図

- わが社のどこに魅力を感じたのかな？
- わが社で何をしたいと考えているのかな？
- わが社について、思い違いをしているところはないかな？

ありきたりな志望動機はNG

「御社の将来性に魅力を感じ」「経営理念に共感を覚え」「御社の商品のファンで」などの抽象的な言葉、面接官が聞き飽きているマニュアル表現だけでは、好印象を与えることはできません。

「なぜ同業他社ではなくわが社なのか？」という疑問に答えるためには、どの業界、どの企業にも通用するような一般的なものではなく、

- **応募先ならではの特色**
- **応募先だからこそ自分が活躍できる、やりたいことができる条件**

を志望理由にする必要があります。

転職理由をもとに考える

前職を辞めたいと思った理由は、転職理由を自分だけの言葉で語るための手がかりになります。

例えば前職に対して「固定的なパッケージ製品だけを提供するルート営業がものたりない」という不満があれば、「提案型の営業のできる職場で活躍したくて」という志望動機へ結びつけることができます。

「給与が安い」という転職理由でも、自分の能力に自信があれば「努力を正当に評価してくれる企業を求めて」という志望動機になります。

同業種への転職

OK

昔から御社のブランドのファンです。それも大きな理由ですが、何より、お客様のトータルなコーディネイトを考える私の接客スタイルが御社の店舗で活かせると思うからです。

面接官 というと？

私は服飾デザインを学んでいて、お客様の体型や顔立ちに合ったコーディネイトを考えるのが得意です。御社の品揃えの多さと品質の高さなら、思う存分、私の腕が活かせると思います。

本音 やりたいことを求めて転職を決意したようだな。販売実績も上げているようだし、採用したい人材だ。

NG

不振の続くアパレル業界にあって、有力ブランドを持ちながら新しいブランドの開発に積極的で、斬新な商品を市場に提供し続けている御社の将来性に魅力を感じています。

面接官 新旧どちらのブランドに、より興味をお持ちですか？

ファストファッションの台頭をみると、やはり新たなカジュアルブランド戦略に興味があります。「洋服から世界をカジュアルに」という社長の言葉にも共感を覚えます。

本音 将来性と社長の言葉の感想か。何だか薄っぺらい志望動機だな。

まとめ 自分ができることと会社の接点を志望動機に入れる

応募先だけの魅力で回答する

「業界への志望動機」になっている回答がありますが、これでは「それなら同業他社でよいのではないか」と思われてしまいます。

ホームページ、ネット検索、参考図書、店舗見学などから、同業他社と応募先の違いを見つけて、「自分にとって応募先だけが持つ魅力とは何か」を明確にした上で、志望動機を考えることが大切です。

例えば、「確かに外食産業という点では他社も同じです。しかし私は、御社独自の流通網を視野に入れた業務展開、具体的には……に大いに魅力を感じています」などと答えれば、業界の中でも特に強く応募先を志望している理由を説明できます。

志望動機は複数挙げてもよい

志望動機は１つに絞る必要はありません。入社したい理由を複数挙げることでも強い志望度を演出できます。

そのときは、まず最初に「御社に魅力を感じている点は３つあります。１つは……」というように、これから話す要素がいくつなのかを伝えると、ダラダラした印象を避けることができます。

志望動機は自分と応募先とのマッチング

待遇の不満が転職理由であることも多いものですが、志望動機を「年俸」「将来性」「残業の少なさ」「福利厚生面の充実」など、応募者側にとっての利益、待遇面から話すことは絶対にいけません。

「自分と応募先との共通点」から志望動機を作るようにしましょう。

具体的には、次のようなものが志望動機の材料になります。

- **仕事のやりがい**
- **応募先で発揮できる自分の能力、スキル**
- **応募先で活かせる自分の実績、職務知識**
- **自分が大きな魅力を感じる応募先ならではの強み**

異業種や未経験からの転職

OK

テレフォンアポインターの経験から、営業職を希望するようになりました。お客様との間に、情報提供を通じて電話応対では果たせなかった信頼関係を構築していくのが理想です。

面接官 では、わが社を選んだ理由は何でしょうか？

地域密着型で事業展開されている点です。お客様との信頼関係を重視している私にとって、地元のお客様とのトークの中で営業ができるのは大きな魅力です。

本音 前職で果たせなかったことをわが社で展開したいという理由は前向き。セールストークにも期待できそうだ。

NG

子どもと接する仕事に就くのが夢でしたが、事情があり新卒時には果たせませんでした。御社の「社会人講師募集」の求人を拝見し、再度トライしてみようと考えました。

面接官 受験生の指導に大切なことは何だとお考えですか？

やはり受験までのタイムテーブルを踏まえた学習計画だと思いますが、私が特に力を入れたいのは精神面でのサポートです。個々の生徒に寄り添い、ともに希望校をめざします。

本音 志望動機が「子どもと接する仕事がしたい」では、今回募集している講師になりたい理由になっていない。

まとめ 転職理由とセットにした志望動機を準備しよう

第5章

3 当社では何をしてみたいですか？

質問の意図

- 当社での業務を正しく理解しているかな？
- 自発的、意欲的に働いてくれる人材かな？
- 今回の募集職で活躍できる人材だろうか？

企業の業務内容の理解が不可欠

応募者の希望と職務内容との間にズレがないか、また応募者のやりたいことがその企業で実現可能なことかどうかを確認するための質問です。

募集している職種内容をよく理解して、それが自分の実績、能力、スキル、やりたいこととどのようにマッチするのかを結びつけて説明できるようにしておくことが大切です。

実際に仕事をしている姿をイメージする

配属先が複数あるようなときには、本人が希望するセクション、また活躍できそうなセクションはどこになるかを確認する場合があります。例えば募集要項に「営業職」などと職種でしか書かれていない場合、応募者の希望や適性は新規顧客の開拓なのか、法人相手のルート営業なのか、などの判断材料にするわけです。

次のようなチェックポイントから考えておきましょう。

- **特にどんな分野、部門で働きたいか**
- **過去の経験、自分のスキルを応募先で活かせるか**
- **どんな形の貢献ができると思うか**

いずれにしても、面接官に「入社後に活躍しているイメージ」を与えることが大切。それには、まず自分が「その会社で活躍している具体的なイメージ」を持つことが必要です。

キャリアに基づく回答例

OK

設備機器のメンテナンス対応が主な仕事でしたが、今後はオーナー様に対して修繕計画をご提案するなどの技術営業として、キャリアを伸ばしていきたいと考えています。

面接官 わが社にもその部署はありますが、営業経験はおありですか？

営業経験はありませんが、巡回メンテナンスの現場ではお客様からご相談を受けることがよくあります。親切でわかりやすい応対だと評価されており、営業職への転職を決意しています。

本音 メンテナンスができるなら、技術的な知識は大丈夫。顧客対応もこなせそうだし、戦力になりそうだ。

NG

やはり前職での経験を活かして、B to Cの分野で貢献したいと考えています。定評のある御社の製品なら、幅広いエンドユーザーにご提供できるものと思います。

面接官 わが社はB to Bが中心ですが？

御社の主力商品が企業向けであることは存じております。ですが、B to Cへの業務展開も行っているとホームページで拝見しました。そこで私の経験がお役に立てられると思います。

本音 その通りなんだが、募集しているのは法人営業なんだよ。今すぐ求めている人物像にはマッチしないかな。

まとめ 募集している職種でやりたいことを述べる

応募先企業にどのように貢献できるか

転職採用では即戦力になれることが第一条件です。

応募業務で自分の持つ能力やスキルがどう活用できるか、自分の経験のどんな点が活かせるかを答えるようにしましょう。 また、自分の仕事のやり方、心がけ、ポリシーが、応募先の業務で発揮できることはプラス評価となります。

難しいかもしれませんが、一般的な職種ではなく、応募先での業務に結びつけることができると特にポイントが高くなります。

例えば営業職なら、自分の実績や営業スタイルがどのように応募先の主力商品や顧客層とマッチしているかなどを伝えられれば好印象を与えられます。

また、企画・開発職であれば、実際の企画案を持参して「こんなアイデアで商品を作りたい」「こんな企画を実現したい」という提案をするのも有効な方法です。

未経験者の転職の場合

未経験業種への応募や比較的若年層の転職では、これまでのキャリアやスキルをアピールする回答が難しいことがあります。

また「どんな仕事でもやります」「やる気は誰にも負けません」といった、実力が足りないところを意欲だけでカバーするような回答は現実味が感じられず、説得力もありません。

この場合には、左ページの回答例のように、

- **これまでの自分の経験の中で応募先の職務と共通する点**
- **自分が本当にやりたいことが応募先ならできること**

をクローズアップして回答します。

また、「応募先で必要となる知識やスキル」を今現在習得中であることや、入社後にどう身につけるかという具体的なプランを回答に含めるとよいでしょう。

未経験の職種への回答例

OK

前職はカウンセリング業務をしており、お付き合いの中から信頼関係を築き上げることが得意です。そういったタイプの営業をやっていきたいと考えております。

面接官 営業経験はおありですか？

営業経験はありません。でも、コミュニケーションやトークスキルは自信があり、それが営業職への転職理由です。応募職種のカウンセリング営業では活躍できると思っております。

本音 営業経験はないものの、カウンセリングという部分では確かに経験豊富で、十分戦力になりそうだ。

OK

新商品の企画に携わりたいと思っております。前職の広告営業では、その商品をどうやってユーザーにアピールするかがポイントでしたから、それとは表裏一体の関係にあると思います。

面接官 といいますと？　もう少し詳しくお聞かせください。

どちらもマーケティングが大切です。ただ私は「売るための方策」を立てることより、「消費者が求める商品を作る」ことによりやりがいと魅力を感じて、商品企画への転職を決意しました。

本音 確かに企画、マーケティング、広告営業は関連しているし、企画は未経験だがキャリアは活かせそうだ。

まとめ　**キャリアのどこかに応募業務との共通点を見つける**

第5章

4 将来はどんな仕事をしてみたいですか?

質問の意図

- 仕事に対する志、将来設計を持っているかな？
- 採用後も成長していく可能性があるかな？
- わが社でのキャリアとズレはないかな？

明確な目標設定をアピールする

働き口さえ何とか見つかればよいという応募者では、入社後の成長は期待できません。その意味で、仕事に対して何の志もない人より、将来のキャリアプランを持っている人のほうが職務に前向きな人材と考えられます。

回答のポイントは次の２点です。

- **志望動機と一貫性があること**
- **その企業で実現できるものであること**

「こんな製品を開発してみたい」「こんなスキルを身につけたい」「責任ある役職に就きたい」などの目標を設定し、それに向けて努力していることを伝える必要があります。この系統の質問にはいくつかのバリエーションがありますので、それぞれの場合に合わせて考えてみましょう。

「キャリアプラン」の答え方

キャリアプラン、将来像、目標を尋ねられることがあります。「将来的にどのような役職に就きたいと思いますか」などと聞かれることもあります。

「チームリーダーを経てから、部署の責任を任されるようになり、会社経営にも携われるようになりたい」というように、時系列の将来像を話せばよいでしょう。

特に役職での出世は考えていない場合は、仕事への意欲が足りないと誤解されないように、「専門分野の技術を高めていきたい」などと、別の形での具体的なプランを語るようにします。

「キャリアプランは？」の回答例

OK

これまで主にシステム構築のエンジニアの仕事をしてまいりましたが、その経験を土台に５年以内にプロジェクトマネージャーになることを目標にしています。

面接官 これまでのどんな経験が土台になると思われるのですか？

私は調整タイプの役割を果たすことが多く、プロジェクトの工程管理が得意でした。後輩の指導などにも定評があり、そうした経験をマネジメントの分野に反映したいと考えています。

本音 経験や能力と直結した将来像をアピールしてくれている。本当にこれがやりたいという意欲が現れているな。

NG

まずは御社での仕事を覚え、一人前のエンジニアとして自立することですが、３年後には「この分野のことなら彼に聞け」と誰からも頼られるような存在になりたいと思います。

面接官 なるほど。最終的な目標としてはいかがでしょうか？

将来的には信頼されるスペシャリストになることが理想です。また、それを実現した後も更なる成長をめざして努力し続ける人間でありたいです。

本音 一人前で、信頼されるスペシャリストか。わが社での具体的な将来像がイメージできていないようだな。

まとめ 明確な目標設定で将来像をイメージさせる

「○年後」の答え方

「1年後、5年後、10年後のあなたは」と、ある期間を経たときの理想像を尋ねる質問もよく使われます。○年後といった期間の設定は、回答に具体性を求めようとする程度の意図です。厳密に考えないで、現実的な将来像を答えることがポイントです。

考え方としては、まず10年後の理想像を描き、「そのためには5年後にはこの段階まで、それには3年後にはここまで。1年後には……」といった形で逆算して、期限ごとの目標を立てると伝えやすいでしょう。

「20年後には経営者に近い視点で会社全体を運営する一翼を担いたい。それには、10年後には一部門のリーダーとなってマネジメント経験を積む必要がある。すると5年後には……」というように自分の人生設計と合わせて考えていけばよいでしょう。

「将来の夢」の答え方

「夢は何ですか」は、漠然としていて答えにくい質問です。

しかし転職面接なので、やはりキャリアプランをもとに答えます。例えば「経営の一翼を担うことが夢です」などの回答でかまいません。

夢ではなく、「キャリアの終着点」のイメージから答えることもできます。例えば「専門領域で培った知識を次世代に伝えていきたい」「○○をライフワークにしたいと思っています」などの回答になります。

NG回答

なお、明確な目標には違いないのですが、「独立して起業すること」と答えるのは避けたほうが無難です。独立を勧奨している企業は別として、やがて退職して独立するつもりでいる応募者を、わざわざ採用する企業はあまりないからです。

応募先企業に帰属意識を持ち、長期にわたって勤務する意欲をアピールする方が好印象となることを覚えておきましょう。

「将来の夢は何ですか」の回答例

OK

コンプライアンスの重要性が無視できない企業にあって、法務の分野でエキスパートとなり、いずれは事業計画や会社経営に参画する立場になりたいと思っています。

面接官 そのために、今現在チャレンジしていることがありますか？

はい、ビジネス実務法務検定の資格取得をめざしています。今はまだ３級の資格しかなくハードルは高いですが、まずはこの冬の２級試験合格が直近の目標です。

本音 スキルアップのために具体的に資格にトライしているということだな。夢を実現するための努力は評価できる。

OK

私はあえて夢を設定していません。生意気なようですが、その時々で自分のベストを尽くすことがポリシーです。それによって自然と将来が決まっていくと思っています。

面接官 では、応募職種の営業でベストを尽くすとはどんなことですか？

はい、お客様の問題解決に尽力することです。利益を上げようという思いでは、いずれお客様が離れてしまいます。私は日本一お客様のことを考える営業マンになりたいと思います。

本音 営業という仕事に自信と思い入れがなければこの回答は出てこない。実績があるようなら、ぜひ採用したい人材だ。

まとめ 自信を持ってベストの将来像を語ろう

5 違う業界を選んだのはなぜですか?

質問の意図

- なぜ前職の業界を変えるのかな?
- 興味本位の場当たり的な転職ではないか?
- 前職の経験から活用できるスキルはあるのか?

応募先の業界を選んだ理由を答える

「現職では業界そのものが斜陽で将来の見通しが暗い」などという回答はもちろんNG。後ろ向きでネガティブな印象だけを与えます。また「心機一転、まったく新しい環境でがんばりたい」というような決意表明だけでは、回答になっていません。

前職の業界を抜けた理由ではなくて、応募先の業界を選んだ理由をメインに答えるべきです。

興味を持ったきっかけとやりたいことを伝える

基本的には「前職でこの業界の企業と取引があり、担当者から話を聞くうちに大変興味を覚えました」など、業界に関心を持ったきっかけから話し始めるとよいでしょう。

第二新卒なら、新卒の時に応募先の業界に入りたかったとアピールする方法もあります。例えば「新卒時にもこの業界には魅力を感じており、○○や△△などの同業他社にも応募していました」という回答です。ただし、この回答のときは、前職が嫌になったので別の業界に逃げ出そうとしているという印象を与えないようにします。

次に、現職とは異なる業界を応募先に選んだ理由を述べます。このとき、「この業界、応募先で自分がやってみたいことがある」ことを伝える必要があります。

業界への関心をアピールする回答例

OK

実は新卒時にもアパレル業界に関心を持っていました。迷った末に内定をいただいた前職の通信業界を選んだのですが、やはりこの業界への思いが断ち難く、転職を決意しました。

面接官 前職での経験が無駄になりませんか？

前職では、携帯機器のファッション感覚やニーズに関する調査を担当していました。売れ筋の動向に対応するマーケティング手法がアパレルの商品企画でも活用できると思っています。

本音 マーケティングの経験は確かにこの業界でも活かせるかな。もう少しファッションについて聞いてみよう。

OK

前職では飲食店の店長をしており、御社の販促サイトをよく利用していました。ユーザーの立場からの着想や提案が活かせるのではないかと考えて応募しました。

面接官 どのような提案ですか？

ここに企画書をお持ちしました。サイトの使い勝手について改善案をまとめたものです。また店長職でしたので、顧客側からの要望や対応面でも、経験が活かせるかと思います。

本音 顧客の立場からわが社のサイトを見てきたというわけね。企画書を見た上で採用を考えてみましょう。

まとめ 他にはない、自分なりの視点から答える

同じ職種の場合

業界は違っても、営業職や経理職など、求められるスキルが共通する職種なら、実績を伝えれば「経験のある即戦力」とみなされます。現職の実績と経験をうまく伝えることができれば「○○業界出身の新しい見方ができる戦力」として採用される可能性が高いので、他の応募者との違いをアピールするチャンスと考えましょう。

この場合には、トライしようとしているのが未経験の業界であることをよく自覚して、謙虚に学習する姿勢を示すことが重要になります。

何度目かの異業種転職の場合

転職のたびに業種が違うような場合には、移り気な人、すぐ辞めてしまう人という印象を与えがちです。

この場合には、「業種は違ってもいずれも顧客と直接交渉する業務」とか「これまでの業務はすべて今回の仕事に就くための準備」というように、違う業種を転々としているようでも、実は一貫性や計画性があるというストーリーを用意しましょう。

職種も業界も違う場合

医薬品業界の総務職から、食品業界の営業職への転職など、業界も職種もまったく違う場合、「前職や前の業界が嫌になったから転職した」という印象を与えてはいけません。

面接官が納得できる「前向きな転職理由」を述べる必要があります。

前向きな転職理由とは、

- **応募先の業界・職種に○○という魅力、やりがいを感じたから**
- **業界・職種は違うが、応募先で自分の経験が活かせるから**

といったものです。あくまで現職への不満ではなく応募先の魅力で回答することが大切です。

業界との接点をアピールする回答例

OK

チェーン展開する書店で、エリア5店舗のマネジメントをしていました。自分の適性が個々のスタッフの能力を活かすことにあると感じ、人材派遣コンサルタントに応募しました。

面接官 どれくらいのスタッフを相手にしてこられたのですか？

5店舗で92名です。社員やパート、アルバイトと雇用形態もさまざまで、全員のモチベーションを保つのに苦労しましたが、良い成果を収めることができてやりがいがある職場でした。

本音 すでに人材ビジネスについて経験があるといってもよさそうだな。具体的な内容について尋ねてみよう。

OK

前職は健康食品の営業販売です。生命保険は未知の業界ではありますが、個別営業という点で共通しており、これまでの対人スキルを活用できると思います。

面接官 金融商品は、一般の商品とは違いますが大丈夫ですか？

おっしゃるとおりです。保険商品の知識が難しいことは覚悟しております。早く顧客のニーズに合わせた商品提案を行えるよう知識の習得をめざしており、現在猛勉強中です。

本音 未経験の業界にトライするという自覚もあるようだし、営業経験を活かすことはできそうだ。

まとめ 異業種でも過去の仕事との共通点をアピール

第5章

6 会社選びの基準は何ですか?

質問の意図

- どんな仕事観を持っているのか？
- 応募者は会社に何を期待しているのか？
- わが社にはどの程度本気で入社したいと考えているのか？

志望動機とリンクさせる

面接官がこうした質問をする意図は、「本当にわが社に入りたいのか」を知るためです。特にアパレル、ブライダル、アミューズメント関連など、「憧れ」を抱いて応募してくるケースも多い業界では、興味本位ではなく、しっかりした会社選びの判断基準があっての応募かどうかを確認するために尋ねられることがあります。

会社選びには、年俸、福利厚生、勤務地、勤務時間などの条件も大きなウエートを占めているはず。しかし、例えば志望動機では「やりがい」と答えていたのに、会社選びの基準では「安定性」「成長性」などと答えては志望動機も疑われてしまいます。この場合には、「もちろん勤務条件も大切ですが、第一条件は志望動機でもお話ししたとおり仕事のやりがいにあります」とアピールします。このように、「会社選びの基準」と「志望動機」をリンクさせて回答する必要があります。

回答にストーリーを持たせる

すべての回答はリンクし合って、あなたをアピールするストーリーになっていることが理想です。例えば、転職理由が「実績のわりに報酬が低い」、志望動機が「歩合制の営業で実績に見合った報酬が得たい」、会社選びの基準は「実績を正当に評価してくれてやりがいが持てる職場」という流れなら、いかにも実績を上げてきたやり手の営業マンが活躍の場を求めてわが社にやってきたというストーリーになります。

企業理念への共感をアピールする回答例

OK

社会貢献度です。○○社長の著書に書かれていた「地域との共生」を御社で実現していくために応募しました。

面接官 もう少し詳しくお話しください。

はい、地元の生産者と消費者を結びつけることは効率優先のグローバル主義に対抗する有効な手段だという社長の考えに共感しました。弱者切り捨ての格差社会を批判できる経営者のもとで喜びを持って働き、社会に貢献していきたいと願っています。

わが社のポリシーをよく理解して共感しているようだ。あとは、どういった活躍ができそうかを探ってみよう。

NG

営業経験がないので、求人広告に「未経験者歓迎」とある企業を中心に選んでいます。その中でも特に社会保険に加入できるところをピックアップしています。

面接官 なぜ未経験の営業職を選んだのですか？

経験のある販売職の求人にも応募してはいます。ですが、商品の価値を様々な消費者にアピールできる営業職により魅力を感じ、自分の活躍できる領域を広げたいと考えています。

本音 未経験歓迎といっても、未経験なりのアピールがほしいのだが。待遇面重視で安易に選択しているみたいだな。

まとめ 企業研究の深さをアピールできるのが理想

実績とスキルが活かせることを条件に

OK

特定の企業名は差し控えさせていただきたいのですが、やはり前職での経験を活かすことを第一に考え、御社と同じ物流部門の企業をピックアップしています。

面接官 特にわが社を選んでいただけた理由はありますか？

はい、私はかねてより御社のイノベーション精神には敬服しておりました。パソコン修繕部門を立ち上げるなど、まさに物流の枠を超えたチャレンジに、私も携わりたいと考えております。

本音 前職の経験を踏まえての転職なら、企業選択の基準ははっきりしている。即戦力としても期待できそうだ。

OK

今のところ、食品会社で２社、非鉄金属で１社応募する予定です。アパレル業界で応募しておりますのは御社だけです。いずれも英語力必須の募集です。

面接官 応募業種にまるで関連性がありませんね、どうしてですか？

業界を絞らずに、海外展開をしていて、その部門での応募を選んでいるからです。個別の商品知識については勉強が必要ですが、海外との交渉などの実務スキルでは必ずお役に立てるはずです。

本音 関連のない異業種ばかりだが、それだけに自分のスキルを存分に発揮できる場を探している熱意はよくわかるな。

まとめ 自分の実績、スキルと応募理由をリンクさせる

第6章

心配無用!!
ハンデを逆転する回答

1 未経験の仕事ですが大丈夫ですか?

質問の意図

- 応募職種のことをどのように理解しているのか?
- 自分に足りないものを補う努力をしているか?
- 新しい職種に活かせる経験、スキルがあるか?

求人広告の「未経験者歓迎」の意味

中途採用で求められるものは、「即戦力」。要項に「未経験者歓迎」とあっても歓迎されているわけではありません。「未経験者でも検討対象に入る」という意味です。「未経験はハンデである」ことを心得ておきましょう。

しかし、本当に未経験大歓迎の企業もあります。これは「大量採用して使い捨てで生き残る人材がいればよい」という、いわばブラック企業。このような募集では次のような特徴が見られます。注意してください。

- **求人サイトなどの常連会社。年中、いつでも求人広告を出している**
- **「平均年齢が若くてやりがいのある職場」などのフレーズ**
- **幹部候補募集。学歴不問、未経験者OK、フリーター歓迎**
- **試用期間が4か月以上**
- **歩合給、成果給で賞与無し**

こんな回答はNG

未経験であることは応募書類で明らか。それでも面接に呼ばれているのですから、この時点で採用の可能性はあるのです。「初心者なのでできるかどうか不安ですが」といった、へりくだった回答は避けましょう。

未経験のハンデを乗り越えるアピールをすればいいのです。「がんばる意欲はだれにも負けません」といった回答が多いのですが、熱意や精神力だけのアピールは説得力がありません。自信を持って、未経験でも自分の長所やスキルは応募先の業務で活かせるという回答をします。

「未経験のようですが」の回答例

OK

マーケティング職は未経験です。しかし前職の商品開発部門ではマーケティングリサーチ部門といっしょに仕事をしており、市場や消費者のニーズを探る手法については熟知しています。

面接官 なるほど、どんな商品を手がけていましたか？

はい、御社も手がけておられる女性向けの装飾品文具、いわゆるファンシーグッズです。思いつきではなく、リサーチ結果からニーズを先取りしたデザインの商品開発でした。

本音 わが社の業務と共通する部分が多いし、いかにも自信がありそうだ。未経験のハンデは小さいかもしれないな。

NG

はい。でも学生時代にアルバイトで販売職の経験が多少ありますので、その経験が役立つと思って応募いたしました。足りないところは努力して成長していこうと思います。

面接官 自信がなさそうに聞こえますが、やっていけそうですか？

すぐに結果を出せるかどうか、と言われると正直なところはわかりません。ですががんばる意欲はだれにも負けません。その点には自信があります。

本音 努力します、がんばりますというだけで、具体的なアピール材料が出てこないな。

まとめ 「自信がない」という印象は与えないこと

未経験者に期待される成長力

採用側が未経験者に求めるものに、経験者からは得られないフレッシュな感覚や視点が挙げられます。

企画職などでは、業界の常識にとらわれない発想を期待して未経験者を採用することもあります。

また、経験がある応募者は自分のやり方にこだわりがあったり、業務に慣れてしまっていたりして、新しい職場に適応しにくいことがあります。この点、未経験者には新しいやり方をすぐに吸収する素直さが期待できます。面接のやり取りでも、面接官の質問をよく聞いて正しく理解し、素直で適切な受け答えができるようなら、未経験者に期待される成長性をアピールすることにつながります。

未経験者に求められているスキル

異なる職種でも活かせるスキルや能力があります。例えばパソコンスキル、コミュニケーション能力、企画力など、どんな職種にも活用できるスキルがあれば、十分なアピールになります。

また「前職は営業職でしたが、販促ツールの作成が得意だったことから営業支援業務に関心を抱いた」など、応募職種における自分の成功経験をアピールするのもひとつの方法です。

自分の足りない知識や能力をどうやって補おうとしているかという意欲をアピールするのも大切です。必要なスキルの習得のために資格取得のための勉強を始めている、知人に経験者がありヒアリングしてアドバイスを受けたなど、すでに実行し始めていることをアピールすれば具体的で説得力のある回答となります。

資格取得については、週末だけのコースや平日夜間コースなど、転職活動や仕事と並行して通学できるようなカリキュラムもあります。実際に通学し始めているという回答ならいっそう評価は高くなるでしょう。ただし、応募先の業務で役立つ資格でなければ意味がないことはもちろんです。

「応募職に興味を持ったきっかけは」の回答例

OK

販促営業をしていましたが、自分が他の部員に比べ事務処理や計数計算などに強いことに改めて気がつき、数字を扱う経理職を専門にしたいと考えました。

面接官 経理の仕事内容についてはどの程度ご存知ですか？

部内の小口現金の仕訳は私の仕事になっていました。また、転職を視野に入れてから独学で日商簿記３級を取得し、年明けの２級受験のために現在も勉強中です。

本音 大学では数学を専攻していただけあって数字には強いんだろうな。資格勉強を始めているというのも好印象だ。

OK

現職は営業企画職ですが、広告のコンセプトづくりや宣伝ツールの作成に参加したことがあり、クライアントの立場で広告業界とお付き合いしたことが興味を持ったきっかけです。

面接官 これまでの経験を制作職に活かせるとお考えですか？

はい。顧客の要望がどこにあるかをくみ上げるのに、クライアントとしての経験が役立ちます。望み通りの宣伝ツールができたときの満足感を、今度は制作者の側で体験したいと思います。

本音 これまでの仕事で接点があったわけだな。多少は業界知識もありそうだし、斬新な視点を期待できるかもしれない。

まとめ これまでの職歴との接点を見つけてアピール

2 前職をすぐに辞めたのはなぜですか？

質問の意図

- もっともな事情、理由があったのだろうか？
- トラブルを起こしがちな人なのではないか？
- またすぐに辞めてしまわないだろうか？

採用側からすれば、せっかく入社した会社をすぐに辞めた理由はとても気になります。間違いなく尋ねられる質問ですので、面接官が納得できる理由を必ず用意しておきましょう。

会社側に原因がある退職の場合

「配属を予定されていた事業部自体が、経営不振のあおりで閉鎖になった」など、会社側に原因があった場合はそのまま説明します。

注意したいのは、前の会社を非難して、自分はその被害者であるという言い方をしないこと。採用面接の現場で前職のグチをこぼしても何の利益もありません。むしろ何に対しても批判的な態度を取る人という悪い印象を与えることがあります。

「労働条件や待遇が入社前の約束と違った」というような場合でさえ、非難がましくならないよう、事実報告をする感じで話すほうが好印象です。

- **残業が多くて疲れた→○○時間以上のサービス残業があり、スキルアップに費やせる時間が取れなかった**
- **給与が約束より少なかった→入社前の提示とは月額５万円以上の差があり、正当な評価が得られない職場だった**
- **会長の息子のワンマン経営についていけなかった→事前調査が足りなかった私のミスだが、○○という経営方針にはついていけないと感じた。**
- **パワハラを受けた→人間関係のトラブルは自分が被害者でも転職では話さない方が無難。他の理由にしましょう**

会社に理由がある場合の回答例

OK

会社が吸収合併されたことが要因です。私が参加していたプロジェクトが取りやめになってしまって、配属された部署が閉鎖されることになりました。

面接官 社内の配置換えでは対応できなかったのですか？

会社からの打診はあったのですが、私のキャリアプランとは大きく異なる転属になります。今までのスキルを活用したい思いが強く、再度の転職へ踏み切ることにしました。

本音 もっともな転職理由だ。自分のスキルを活かしたいという動機も十分に理解できる。

NG

条件面で入社前の提示とかなり相違があったことが理由です。年２回という話だった賞与はもらえず、サービス残業続きで、残業代はまったく請求できない状況でした。

面接官 業績が悪ければ弊社でも賞与は出ないかもしれませんが？

もちろんそれはわかっています。しかし、今の職場では残業が多く、自分の時間も制限されてしまいます。体力的にもきついので転職を考えるようになりました。

本音 とにかく、不満とグチばかりだな。同情はできるが、積極的に採用したいとは思えない応募者だ。

まとめ 前職への不満は言わず、前向きな姿勢を示す

自己都合の退職の場合

「就職してみたら予想していた職場と違った」「入社してすぐに自分はこの職場の雰囲気には合っていないと感じた」と答えるような、自分の甘さに原因があることがわかっておらず、環境や人のせいにする転職者も見られます。

これでは、「自分の思っていた仕事と違うと辞めてしまうのか」「仕事がきついから逃げたかったんだな」「社風を理由にしているが人付き合いが苦手な人なんだな」「また同じ理由で辞めるかもしれないな」などと判断されてもしかたありません。

自分の事前調査が足りなかったことへの反省を述べることが大切です。その上で、決意を持って新たな職場を求めているという回答なら、前向きな印象を与えられます。

例えば「いくつか得た内定のうちから、迷った末に最も待遇のよいところを選んだのですが、条件面ばかりに目を奪われてしまったことを深く反省しています。もう失敗はできないと……」とすれば、失敗から学び、原点に返って本当にやりたい仕事にトライし直そうという意欲をアピールすることができます。

第二新卒の場合

近年は就職難の時期が長く続いていますから、自分の希望と異なる業界や職種へ就職した事例も多いようです。

こうした場合には「新卒時の希望はこちらの業種だったのですが、早く働き口を見つけたいという焦りもあり、別の業種へ就職してしまいました。しかしやはりこの業界への思いが断ち難く、御社の求人を知って思い切って決断しました」などという回答をします。

「今度こそ失敗できない」という決意を添えれば、業務に対する熱意をアピールすることができるでしょう。

自己都合の場合の回答例

OK

前職は少人数の職場で、業務担当があいまいでした。別の社員が起こした問題処理に追われることが多く、専門的なスキルを磨きたいという私のプランと大きく違っていたのが理由です。

面接官 なぜそんな会社を選んでしまったのですか？

当時は早く就職を決めたいという焦りが手伝い、よく調べずに飛び込んでしまいました。反省しています。今回はもう失敗できないという思いで、よくよく調べた上で応募しました。

本音 会社選びに失敗したことをよく反省しているようだ。わが社に長く勤めたいという意欲は高そうだな。

NG

配属先の仕事が、入社前にイメージしていたものと大きく違っていたのが原因です。この職場では自分の能力が活かせないと感じ、転職に踏み切りました。

面接官 どうしてそのようなことになったと思いますか？

会社の事業内容には納得して入ったのですが、割り振られた業務にやりがいがありませんでした。上司もどなるばかりで、転職するなら早いうちの方がよいだろうと見切りをつけました。

本音 パワハラにでもあったのかな。人間関係のトラブルはどの会社でも起こるからすぐ辞めるような人はちょっと。

まとめ 自分の失敗として反省すべき点を十分消化する

3 転職回数が多いようですが?

質問の意図

- 真面目に仕事を続ける気持ちがあるだろうか?
- すぐ不満を感じるタイプではないか?
- 何か求める理想があって転職を続けているのだろうか?

短い就業期間で転職に至った場合

優良企業は、長く勤められる人材を求めています。何度も転職している応募者に対して「飽きっぽくて忍耐力がないのではないか」「すぐ辞めてしまうのではないか」という懸念を抱くのは当然でしょう。

会社を転々としている応募者は、面接官が納得できる理由を話す必要があります。しかし、個々の会社での事情を細かく説明していくとつい批判やグチになったり、長々とわかりにくい回答になったりしがちです。転職の理由は簡潔にわかりやすく話して、心機一転、今度こそ失敗しないという意気込みを強調する方がよい印象を残せます。

短い面接時間ですから、マイナスの印象よりも、前向きでプラスの印象を残す話に時間を割くべきなのです。

勤続年数が数年あった場合

1つの会社で2年以上のキャリアを積んだ後に転職した人は、自分のキャリアプランを話すとよいでしょう。職場環境への不満ではなく、自分の仕事のやりがいやキャリアアップのための転職であったと説明できるのが望ましいのです。

いずれのケースでも、最後には「今回の転職が最後と思っています」などとまとめ、入社できたら長く勤続するという意欲をアピールすることを忘れないようにしましょう。

スキルアップを理由にした回答例

OK

最初の転職は勤務先の倒産によるもので、次は入社前の説明と配属先が違っていたことが理由です。自分としては、今回を最後の転職にしたいと考えて志望先を選んでいます。

面接官 入社前の説明と配属先にはどのような違いがあったのですか？

経理部配属のはずが、経理部自体を外注することになり、営業部に配属になったのです。私は、経理を天職と思っておりますので、すぐに転職を決断しました。

本 音 予期せぬミスマッチが原因だったとはっきりわかる。自分のスキルを活かしたいという意欲もうかがえるぞ。

OK

３回転職しましたがすべて総務職です。総務といっても会社によって職務内容が違うので様々なことを学んできました。いずれも総務職としてキャリアアップを図って転職したものです。

面接官 わが社でそのキャリアをどのように活かせますか？

それぞれの会社で業務に習熟してきた自負があります。今回は、自分の総務職のキャリアの集大成のつもりでおり、御社に長く貢献していきたいと強く願っております。

本 音 明確な目的意識があっての転職履歴だということだな。わが社に長く勤める意思もあるようだし、問題ないだろう。

まとめ これを最後の転職としたい、という意思表示を明確に

第6章

4 なぜ休職されていたのですか?

質問の意図

- 再発する病気が理由ではないだろうか?
- 通常勤務に支障が出るような理由ではないだろうか?
- 今後、また休職するようなことはないだろうか?

病気で休職していた場合

職歴書などで休職期間があることがわかってしまう場合のほかは、休職について話す必要はありません。休職期間があることがわかってしまった場合ですが、親の介護、出産と育児、自己啓発の研修、海外留学など、休職期間が限定的で応募時に終わっている理由なら、正直に話せばOKです。

問題なのは本人の病気が理由だった場合です。病欠期間があるのは不利ですから、できれば触れないですませたいところ。特にうつ病など、精神的ストレスによる疾患は言わない方が得策です。

何らかの理由で以前の退職理由が病気によるものであることを知られた場合には、「現在は完治していて、再発の心配もない」ことをはっきり伝えるようにします。そもそも転職活動に入るには、職務に就ける状態であることが前提条件。「軽い十二指腸潰瘍でしたが全快しており、医師からもお墨付きをもらっています」と事実をできるだけ簡潔に答えましょう。

定期的な通院が必要な場合

定期検診が必要であるときも、今後の業務に支障がないなら、あえて触れる必要はありません。担当医の指定曜日などがあり、勤務時間中に通院する必要があるなら、「あと半年ほど、経過観察のため月1度通院が必要です。その日は午後の退社を認めていただき、翌日の残業などでカバーするようお願いできないでしょうか」と事情を伝えておきます。隠していると通院のたびに遅刻や欠勤を繰り返すこととなり、かえって大きな問題が生じます。

休職理由を伝える回答例

OK

退職を機に、建設業経理事務士の取得を目指して、集中的に勉強をしていたため、休職期間ができました。

面接官 資格は取れましたか？

はい、先月無事に２級を取得し、本格的に転職活動を始めました。前職の経験と資格が活かせる建設業界を中心に応募しています。

本 音 なるほど。わが社の業務でも使える資格に間違いはないし、休職についてまったく問題ないわね。

OK

体調を崩しまして入院治療のため、休職していました。

面接官 病名や症状についてお尋ねしてもよろしいですか？

椎間板ヘルニアでした。現在はすっかり完治し、仕事に戻ってもまったく支障なしと医師からも太鼓判を押されています。

面接官 再発の危険性はないのですね？

はい、大丈夫です。リハビリも行い、健康的な生活習慣も身につき、かえって体調は以前よりもよいように感じています。

本 音 医師のお墨付きもあって、全快したと。まあ、実際に動けているし、健康面での問題はなさそうだな。

まとめ 医師の意見として仕事に支障はないことを伝える

第6章

5 ご自宅が遠いようですが大丈夫ですか?

質問の意図

- ✔ 遠距離通勤になるだろうか?
- ✔ 残業などに対応できるだろうか?
- ✔ 通勤交通費の負担はどのくらいか?

首都圏では2時間以内がぎりぎり通勤圏、それ以上は敬遠されます。通勤疲れで倒れられてはたまりませんし、通勤手当も減らしたいところです。高い交通費を払うくらいなら同レベルの別の応募者を採用するのは当然の話です。遠距離のハンデをカバーできる経歴がある場合に限り、応募を考えるようにしましょう。通勤時間については、徒歩や電車の待ち時間など、通勤手当に算入されない時間は含めず、できるだけ短い時間で回答します。

遠距離通勤のハンデを克服する

遠距離通勤・通学をこなしてきた経験があれば、「前職でも片道2時間の遠距離通勤でしたが、○年間無遅刻で問題なく通勤しておりました」などと、実績をアピールします。また「朝6時台に最寄駅からの始発列車があり、座って通勤できるので体力的な負担はありません」など、通勤に体力を奪われるのではないかという懸念を和らげる回答をします。

残業に対応できないというのも大きな障害になりますから、積極的に「残業にも十分応じられる」と明言することが大切です。

通勤交通費の負担や転居も

通勤交通費支給の上限額は、会社の就業規則に定められています。あまりに遠距離だと交通費が全額支給されないこともありえます。その場合、足りない分は自己負担すると申し出る必要があるかもしれません。 また、「採用後には近くへ転居します」と回答するのもよいでしょう。

残業にも対応できることをアピール

OK

前職も同じ通勤時間でしたが、無遅刻無欠勤でした。まったく問題ありません。最近、利用する路線が地下鉄へ直通になって、むしろ少し負担が軽くなると思います。

面接官 遅くまで残業をお願いすることもあると思いますが？

通常夜８時過ぎくらいまでは問題ないです。それ以降も必要な場合はもちろん対応します。入社後の状況を見て、もし残業が重なるようなら、近くに転居することも考慮しています。

本音 ふむ。通勤について心配する必要はなさそうだ。転居も考えているとのことだし、入社意欲も強そうだ。

NG

前職と比べますと、大きな違いはありません。地元からもっと長い距離を通勤している友人もおりますし、電車通勤で片道２時間10分なので、この程度の距離ならこなせると思います。

面接官 残業がある場合に、どのくらいまで可能でしょうか？

最寄駅から自宅までの最終バスの時間に間に合うまでは可能ですから、夜８時までなら十分対応できます。どうしても間に合わない場合にはカプセルホテルという手もありますし。

本音 往復で４時間20分か。これはしんどいな。通勤手当もかかるし、残業も８時が限度のようだしな。

まとめ 面接官の長距離に関する不安を完全に取り除くこと

第6章

6 結婚と仕事の両立は大丈夫ですか？

質問の意図

- 結婚の予定はあるのかな？
- 「腰かけ」就職ですぐ辞めてしまう可能性はないかな？
- 家族の理解や協力はどの程度あるのかな？

既婚の場合

既婚者の場合には、「家族ともよく話し合って十分な理解を得ています」「家事の役割分担もできていて仕事に影響はまったくありません」というように、**具体的な対応策を回答できるようにしましょう**。

また、面接官は「出産のために、すぐに辞めてしまわないか」といった点も心配します。応募者としては「しばらくは出産する予定はない」とはっきり伝えることが必要です。

実際に出産の希望がある場合でも、面接では「入社後に一定のキャリアを積んでから出産を考える」という方向で答えるほうが、会社側の理解を求めやすくなります。

未婚の場合

若い女性の場合には、「結婚や出産をすると辞めてしまうのではないか」という採用側の心配を打ち消しておく必要があります。

「結婚しても仕事は続けますか」と聞かれたら、「当面は結婚の予定はない」「たとえ結婚することになっても仕事は続けたい」という回答が基本になります。

結婚までの「腰かけ就職」ではなくて、応募先に長く勤めたいという意思を伝えることが採用につながります。

「結婚しても仕事は続けますか」の回答例

OK

今のところ結婚の予定はまったくありません。仕事のキャリアを積んでいくことが第一目標です。

面接官 でも、将来的には結婚をお考えになることもあるのでは？

結婚するとしても、仕事は続けますし、それを認めてくれる相手を選びます。５年後、10年後のキャリアプランを描いていますので、長く勤続したいと考えています。

本音 今は仕事第一か。結婚を理由に退職することはなさそうだし、長く勤めたいという希望も強いわね。

「出産しても仕事は続けますか」の回答例

OK

もちろん続けます。ただ当面は出産の予定はありません。しばらくは夫婦で仕事に専念し、出産を考えるにしても数年先にしようと決めています。

面接官 仕事と家庭の両立に自信はありますか？

もちろんです。以前から夫と話し合っていて、私が働いているときの家事の役割分担もきちんと決まっています。急な残業でもまったく問題なく対応できます。

本音 出産予定は今のところなしと。家事に時間を取られて仕事がおろそかになるという心配も無用ね。

まとめ 仕事に専念する姿勢を強調する

第6章

7 お子さんがまだ小さいようですが？

質問の意図

- 育児と勤務を両立できるのかな？
- 残業はできるのかな？
- 時短勤務を希望しているのかな？

小さい子供のいる女性の応募者は、書類選考の時点で落とされることが多くなります。採用側としても、育児と仕事の両立がたいへんなことは熟知しており、育児が理由で残業ができない、遅刻や欠勤がある、などの可能性がある応募者より、別の応募者を採用したいと考えるのは当然のことです。小さい子供がいても応募が可能かどうかを問い合わせておき、応募書類に育児は勤務に影響がない理由を書き添えておくとよいでしょう。

時短勤務を希望する場合

家庭を持つ女性のキャリア活用に積極的で、時短出勤やフレックス制、在宅勤務などで対応できる企業もあります。そうした勤務体系を希望する場合でも、「急な仕事には対応できる」「育児が原因で仕事仲間に迷惑をかけることはない」ということを伝えます。企業側に配慮を求めるばかりでなく、自分の方からも会社側に協力していくという姿勢を示したいものです。

育児との両立ができることを説明する

面接では、必ず子供のことを聞かれます。子育てが仕事に影響しないことをきちんと説明することが必要です。「保育所で延長保育も頼めるので残業も可能」「送り迎えを配偶者と分担する取り決めをしている」「実家が近いので、子供の急病などの際にも手助けを用意できる」「義母と同居していて子供の面倒をみてもらえる」など、現実的な対策が講じられていることを伝えると採用側の心配も和らぎます。

残業や緊急時の対応までフォロー

OK

夜８時までの延長保育が可能な駅前の保育所を確保していますから、子育てとの両立はまったく問題ありません。送迎も夫と分担していて、急な残業でも対応できます。

面接官 お子さんが病気になったときはどうしますか？

はい、幸い実家が近くにありますので、緊急時には祖父母や父母の応援を仰ぐことができます。仕事を優先で暮らせるように手を打ってありますので、ご心配はおかけしません。

本音 近くの実家と育児を分担できるのは好材料だな。緊急時の対策も考えているし、業務への支障は少ないだろう。

NG

家の近所に保育園を確保していますので、通常勤務は問題なくこなせます。ただ、毎日迎えに行く必要がありますので、定時での退社をお願いしたいと存じます。

面接官 お子さんが病気になったときにはどうしますか？

これまでのところ、あまり体調を崩すようなこともなかったので大丈夫かと思います。緊急の際には、ご近所付き合いも良好ですので何かと手助けをお願いできます。

本音 育児を手伝う人がいないようだな。もしものときの対応が不十分で、急な早退や遅刻、欠勤もありそうだぞ。

まとめ 家事、育児が仕事に影響しない具体的な理由を答える

第6章

8 転勤があっても対応できますか?

質問の意図

- 転勤することになっても大丈夫かな？
- 勤務先の希望などはあるのかな？
- 転勤できない事情などがあるのかな？

望ましい回答

「転勤はできますか」と聞くのは、応募先での転勤がありえるからです。したがって、入社したければ、最良の回答は「はい、できます」「はい、もちろんです」以外にはありません。

持ち家、子供の学校、親の介護などの問題があり、単身赴任では転勤しづらいという方もいるでしょう。しかし、どうしても転勤できないなら、最初から転勤のない地域採用などがある職場への転職を選ぶべきです。

転勤はしたくないが転勤のある職場に転職したいのなら、転勤できない事情を面接で言っても採用されるだけの実力が必要になります。

入社後に転勤の辞令が来たら断わるわけにはいきませんから、転勤できないのに、面接で「できる」と答えることはお勧めしません。

転勤できない場合

何らかの事情があって転勤できない場合、あるいは転勤先によってはできる場合など、個々の事情は様々でしょう。いずれにしても、転勤ができる、できない、条件次第ということを、なぜそうなのかという理由をつけて簡潔に答えます。

結論のないまま、くどくどと自分の都合や考えを述べるのは最悪。これは確実にマイナス評価になります。

転勤できない印象を与えるとマイナス評価

OK

はい、もちろんできます。海外でも大丈夫です。転勤は若い自分にとって仕事の幅を広げられるチャンスだと思います。

本音 転勤については問題なし。やる気もあってよろしい。

OK

はい。可能です。ただ、できれば家族がいっしょに暮らせる関東圏を希望します。遠方の場合には、そのとき対応可能かどうかを検討させていただけるとありがたいです。

面接官 例えば、将来、九州などへの転勤があったらどうしますか？

子供の学校の関係があり、そのときになったら、家族で話し合うことになると思います。ただ私としては、仕事のためなら単身赴任もやむなしと考えております。

本音 常識をわきまえた、正直な回答だな。すぐに転勤というわけではないし、この回答ではプラスもマイナスもなしと。

NG

子供が中学校で地元の友達がたくさんいます。家族と離れての単身赴任となりますと、家内ともいろいろと相談しないといけませんし、まあ転勤先によっては対応できると思いますが。

本音 何が言いたいの？　転勤できるの？　できないの？

まとめ 常識にかなった回答で、結論から述べればOK

第6章

9 上司が年下でも気になりませんか？

質問の意図

- 配属先に年下の上司がいることになるが大丈夫かな？
- 自分の年齢をどう考えているかな？
- 年代が違う同僚とうまくやっていけるかな？

「年下の上司でも大丈夫ですか」といった質問は、配属先に応募者よりも年下の上司がいるときに聞かれます。また、応募者と配属先の社員の平均年齢が離れているときには「職場では年齢差が大きい同僚もいますが気になりませんか」などの質問が来る場合があります。

転職年齢によっては、上司や周囲が年下ということはどの会社に行ってもありえますから、回答を準備しておきましょう。

年齢は気にしないことをアピール

職場で年齢を気にするような人材は、どの企業でも遠慮します。仕事の場ですから、年上、年下の区別なく円滑につきあえることをアピールしてください。回答の中で、少しでも年齢のギャップを不安に思う気持ちが出てしまうとマイナス評価になります。

肯定の回答を求められている質問

このように、「○○は大丈夫ですか」「○○でもやっていけますか」という質問は、応募先では「○○」の場合があるということを前提にしています。例えば、○○には、残業、休日出勤、転勤、海外勤務、給与が前職より下がる、などがありますが、いずれも面接官は「はい、大丈夫です」という肯定の回答を期待しています。

「○○は大丈夫ですか」と聞かれたら、「はい、大丈夫です」「はい、もちろんです」が回答の基本になることを覚えておいてください。

年齢と仕事は無関係だと強調

OK

もちろんです。年齢の上下はまったく関係ありません。年下でも年上でも、組織では、上司の指示に従って円滑に仕事を進めていくことが大切だと思っています。

面接官 上司の意見に従ってばかりでは間違うこともありますよね。

はい、間違いは誰にでもあるでしょう。しかし、間違いを互いにフォローし合い、助け合って成果を上げていくように努めるのが大切だと思っています。

本音 組織の中で仕事をすることの自覚ができているようだ。年齢の上下も気にしないでやっていけそうだな。

OK

もちろん大丈夫です。前の職場でも年下の同僚や上司はいましたし、自分より若い世代の人たちといっしょに仕事をするのはまったく苦になりません。

面接官 年下から命令されることがあったりするかもしれませんが？

自分より若い上司からの指示だからどうのとか、そういったことは考えたことも感じたこともありません。年齢と会社の組織はまったく無関係かと思います。

本音 ふむ、配属先には年下の上司もいるし、周囲は年下が多くなるが、これなら大丈夫かな。

まとめ はっきり「問題ない」「大丈夫」と言い切ること

第6章

10 最後に何か質問はありますか?

質問の意図

- 何か確認しておきたいことはあるかな?
- わが社への興味、入社意欲はどの程度なのかな?
- 勤務条件や待遇などの希望はあるかな?

自己PRの最後の機会

「何か質問はありますか」は、最後に必ず聞かれる質問です。「面接はこれで終了です」という意味もありますが、企業への興味や関心の強さを測る目的もあるので、気を抜いてはいけません。

応募先への入社意欲が高ければ、もっと詳しく知りたいと思うのは当然のこと。「特にありません」と一言で答えて終わるのはあまり良い印象を残しません。調べがつかなかったこと、入社前に知っておきたいことを質問しましょう。「入社後に役立てられる資格はあるか」「配属先の人数や年齢構成は」など、働く意欲をアピールできる質問を事前にいくつか用意しておくとよいでしょう。

適切な質問が浮かばないときには

無理に質問しようとして、かえって印象を悪くすることもあります。例えば、ホームページに書かれていることや、面接中の会話を踏まえれば明らかなことを尋ねてしまうと、面接官は「理解力に乏しい、話を聞いていない、コミュニケーションが取れない」と判断します。

適切な質問が思い浮かばない場合は、「丁寧にご説明いただいたので、お尋ねしたいと思っていた点もよく理解できました。実際にお話をうかがい、入社したいという気持ちが一層強くなりました。どうぞよろしくお願いします」などと言って終わります。この方が、無用な質問をするよりも無難です。

勤務先や年収を確認するときの聞き方

OK

では、１つだけ。事業拡張のための募集とのことですが、現在の販売拠点であられる東京以外の勤務になる可能性があるのでしょうか。

面接官 東京にもう１つの店舗ができますので、東京勤務となります。

ありがとうございました。これまでのお話をおうかがいして、ますます御社で働きたい気持ちが強くなりました。何とぞよろしくお願いいたします。私からは以上です。

本音 東京在住で入社意欲はとても高いようだし、候補の1人としておこう。

OK

採用していただけましたら、私の場合ですと、残業代を含めて年収でどれくらいになるかを確認させていただいてもよろしいでしょうか。

面接官 そうですね。○○さんの年齢、実績ですと、月30時間の残業として年収で約450万円といったところになるかと思います。

ありがとうございました。前職とほぼ同額ですし、ますます御社で働きたいという意欲がわいてきました。私からは以上です。

本音 実績も十分、希望する年収額もこちらの設定で大丈夫なようだし、合格かな。

まとめ 条件面で確認したいことは、きちんと質問する

待遇や条件について知りたいときには

入社後の待遇や条件については、面接では触れない方がよいという考え方があります。でも、疑問点を確認するのはマイナス評価にはなりません。条件面については質問して事前に解決しておく方が、採用後にミスマッチに気づくより互いにとってよいはずです。

ただし表現のしかたで印象はかなり違ってきます。例えば「残業はどのくらいあるのですか？」とストレートに尋ねるのはＮＧ。言外に残業はしたくないというメッセージを感じます。「今までは平均して月50時間程度の残業があったのですが、御社ではもう少し多くなりそうですか？」などと話せば、悪い印象にはなりません。

面接の最後に好印象を残すことが大切

この質問は面接終了の合図ですから、あまり長々と質問しないこと。「それに関連してもうひとつ……」などと芋づる式に続けると、ただ面接官をうんざりさせるばかりです。

大切なのが、質問の回答に対してきちんと感謝や感想を伝えること。「なるほど、～ということですね。よくわかりました。ありがとうございました」と礼を添えて返答します。

また、「最後に何か質問はありますか？」と尋ねられなかったときも、面接の最後には、「本日は面接の機会をいただき、ありがとうございました。何とぞよろしくお願いいたします」と締めくくってから、面接室を後にするよう心がけましょう。

なお、この後の選考手順や連絡時期など、転職活動を続ける上で必要な情報が面接の中で知らされなかった場合には、ここで必ず確認しておくようにします。最終面接で、それまでに雇用条件が明らかになっていないときは、基本的な雇用条件の確認をしておくようにしましょう。

最後の質問【すぐに使える回答集】①

◆ 配属先・組織について質問する

- [ ] 採用していただけた場合、配属先として考えられる部署はどちらになりますでしょうか？（応募時の配属先未定の場合）
- [ ] 中途採用で入社された方の割合はどれくらいでしょうか？
- [ ] 中途採用で入社されてから活躍されている方の事例がございますか？
- [ ] 配属先部署の人数と平均年齢を教えていただけますか？
- [ ] 社員の方のお話をうかがう機会をいただくことはできますか？
- [ ] 結婚、出産後も勤続されている女性はどの程度おられますか？
- [ ] 成果に対してどんな評価基準を設けておられますか？
- [ ] 営業ノルマはどんな基準で設定されているのでしょうか？

◆ 仕事内容について質問する

- [ ] 入社までに準備、勉強しておくべきことなどがあればお教えください。
- [ ] 採用していただけた場合、御社で活躍するのに私のキャリアでは足りないもの、身につけるべきものは何でしょうか？
- [ ] できるなら御社の○○という商品に携わる仕事に就きたいのですが、その見込みはありますでしょうか？
- [ ] ○○という資格は御社の業務で役立つでしょうか？
- [ ] 営業部の日常的な一日の流れを教えていただけますか？
- [ ] 今回の採用者に一番期待されていることは何でしょうか？
- [ ] デザインや校正は外部発注だとお聞きしましたが、企画や進行管理のほかはどういった編集業務になるのでしょうか？

最後の質問【すぐに使える回答集】②

◆ 面接での会話で疑問に思ったことを質問する

- □ 本日の面接の中でご説明いただいた○○○について、もう少し詳しくうかがってもよろしいでしょうか？
- □ 先ほどのお話からしますと、営業部員が○○という業務を行う場合があると考えてよろしいでしょうか？
- □ 本日の選考結果については、いつごろまでにご連絡をいただける予定でしょう？

◆ 条件や待遇について確認する

- □ 御社では営業の歩合や能力給はどういった規定になっておりますでしょうか？
- □ 応募要項では年収500万以上とありました。基本給、手当、残業代、能力給などを含めた額でしょうか？
- □ 私を採用していただけた場合、給与は手取りでどの程度になると考えてよろしいでしょうか？
- □ 入社前に、労働条件が記載された書類はいただけますでしょうか？
- □ 引き継ぎをして円満退職するためには2カ月ほどかかるのではないかと思います。出社時期はそちらの希望に合わせたいのですが、どれくらいなら待っていただけものでしょうか？
- □ できましたら関東圏への勤務を希望したいのですが、勤務地の希望を考慮していただける制度はありますでしょうか？
- □ 前職では繁忙期で月80時間ほどの残業がありましたが、御社では忙しい時期ですと月にどの程度の残業になるでしょうか？

※条件、待遇については、これがクリアできなければここには入社しないという譲れない条件がある場合だけ質問する。

最後の質問【すぐに使える回答集】③

◆ 最後のアピールの機会にする

- □ 先ほどお話しした○○○について、少し補足したい点がございまして、この場でお伝えしてもよろしいですか？
- □ 最後に今一度自己PRをさせていただいてもよろしいでしょうか？
- □ 先ほどの新規事業の内容から、私の実績が活かせるところがあるようなので、説明させていただいてよろしいでしょうか？
- □ 本日はありがとうございました。お話を聞いて、本当に御社に勤務したいと気持ちが大きくなりました。よろしくお願いいたします。

※最後のアピールは、長くならないようにすること。

◆ こんな質問をしてはいけない

- □ 面接官殿がこの会社に入社した理由は何ですか？
- □ 御社の今後の方向性を教えてください。
- □ 教育研修制度にはどのようなものがありますか？
- □ 有給休暇の消化率は平均どのくらいですか？
- □ 今回の採用予定枠は何名程度ですか？
- □ 残業時間はどれくらいでしょうか？
- □ 私のキャリアに相応しいポジションを約束してくれますか？
- □ 御社の社風はどのような感じでしょう？
- □ 福利厚生についてお聞かせください。
- □ 飲み会などは多いですか？
- □ 今回の面接で、私についてお感じになった印象を聞かせてくだされば幸いです。

TOPIC うつ病からの職場復帰

近年、うつ病による休職がとても増えています。十分に治っていないうちに社会復帰をしようとして、また休職を繰り返すという例も多く見られ、企業側でも非常に敏感になってきています。

うつ病は完治しますが、やはり再発のリスクはあります。職場復帰よりも、まずはしっかり治療することが先決。うつ病が治らないうちの転職は、考えてはいけません。収入や家族からの目もあり、社会復帰したいと焦るのは当然ですが、まずは治療に専念しましょう。

転職活動自体、また職場環境が変わること自体が、大きなストレスとなり、結果的に再発してしまう例も多く見受けられます。復職できるかどうかの決定も、担当医とよく相談してからにしましょう。可能なら休職後には前の会社に復職し、必要なら担当部署を換えてもらって少しずつ仕事を再開する方が負担が少なくなります。

うつ病等で休職している方の相談窓口としては、各都道府県に障害者職業センターが設置されています。専門家によるプラン作りや各種プログラムが用意されていますので、職場復帰を考慮するに当たり、利用してみるのもひとつの方法です。

うつ病は転職市場においてハンデとなる病気です。特にある程度以上の規模の会社では、何人かはうつ病などのメンタル不調で休退職することが増えているため、人事部としては「うつ」の病歴のある応募者の採用は見送りたいと考えるのも無理はありません。従って、健常者としての職場復帰を目指す場合には、黙っているほうが得策となります。休職期間があったことは話す必要はありません。また、完治しているのであれば、病気療養中だったことも話す必要はありません。職歴から休職期間があることがわかってしまい、転職時の面接で休職理由について突っ込まれた場合にも、うつ病とは別の理由で回答するほうが無難なのです。

付録

1 【良い例&悪い例】比べてわかる! 面接トーク

2 準備万端!! 【チェックシート】

未経験職への転職

01 接客職から受付職への転職

良い例 接客で身につけた人当たりの良さと臨機応変の対応で、この病院のイメージアップに貢献したいと思います。業務に必要なワードとエクセルのスキルは、いま毎日３時間、猛特訓をしていますから、２週間後には実務レベルになってみせます。

悪い例 この病院は小さい頃からお世話になっているので応募しました。やる気だけは誰にも負けないと思います。これまでは接客業でしたので、ワード、エクセルの経験はありませんが、物覚えはたいへんにいいので、採用が決まったら業務で必要なことを早く覚えたいと思います。

02 営業事務職から営業職への転職

良い例 営業支援事務で50人以上の営業部員と仕事上のやりとりをしてきました。売上アップの工夫を考えて実績を上げたこともあります。営業を側面からフォローしてきた経験は、御社の営業員としての業務に必ず活かせるものと思っています。

悪い例 営業経験はありませんが、営業の事務をやっていたので営業のことは何でも知っています。御社の仕事を通じて実際に体験していくうちに成長していきたいと思います。

良い例 **自分の実績（長所）と志望先業務との共通点**や、**現在の努力**を話していて、未経験でも活躍が予想できる自己アピールになっている。

悪い例 未経験の自分に足りないスキルや能力を補う行動をしていない。根拠のないやる気アピールは通じない。具体的な実績や努力を話すことが大切。

03 総務職から店長職への転職

良い例 総務の仕事では社員の要望にこたえることを常に心がけてきました。店長職でもスタッフ１人ひとりの心をつかむ店舗運営に力を尽くせると思います。また労務管理の面でも総務の経験は大いに役立つはずです。

悪い例 ずっと総務職でしたので店長職は未経験です。しかし、学生時代から飲食業に興味があったので、やる気は誰にも負けません。協調性があるのでパートやアルバイトの方たちともうまくやっていく自信があります。

04 営業職からマーケティング職への転職

良い例 営業の一環でヒアリング調査とその分析を行った際、周囲から評価され、マーケティング業務に強くひかれてやりがいを感じました。大学在籍時はマーケティング論の講義を受講しており、今は実践講座を受講中です。現職での異動がかなわず、今回、マーケティング専門職への転職を決意しました。

悪い例 営業職でヒアリング調査の分析をやったとき、マーケティングにたいへん興味を持ちました。分析能力にはもともと自信があり、御社のマーケティング部門で勉強をさせていただく中で、スキルを身につけたいと考えています。

第二新卒の転職

01 マーケティング職から商品企画職への転職

良い例 商品企画のはずが、配属はマーケティング部門でした。私の事前リサーチが足りず考えが甘かったと反省しています。現職ではクレーム対応、嗜好調査のほか、展示会やセミナーの企画開催を担当し、商品に対する要望や業界動向に気を配ってきましたので、この点、商品企画に貢献できると思っております。

悪い例 入社後の配属先がマーケティング部門で、顧客のクレーム処理がメインで、入社前のイメージと違いました。企画部への異動を願い出ましたが、3年間は我慢しろと言われ、軌道修正をするなら早いほうがよいと決断しました。

02 営業職から企画職への転職

良い例 現職の営業職では常にノルマを達成し、トップクラスの成績を上げてきました。しかし、どうしても企画をしたいという、学生時代からの思いを捨てきれません。営業で培ったがんばれる力を御社の企画職で存分に発揮したいと思います。

悪い例 新卒時は企画職採用のはずでしたが、営業に配属されました。企画職への異動は前例がないとのことなので、このままではテレアポと飛び込み営業でノルマを達成していくだけの毎日だと思い、転職を決意しました。今回は企画職採用ということで、新卒時からの夢をかなえたいと思っています。

良い例 自分自身の会社選択と見通しの甘さを反省しており、**今度こそ本気でがんばりたいという熱意と意欲の表明**ができている。

悪い例 転職を会社責任にしていて反省が見られない。自分の好みや事情を言うのではなく、応募先の事情を優先して自分を採用するメリットをアピールすること。

03 書店員からデザイン職への転職

良い例 接客、売上管理など、書店業務はやりがいのある仕事です。中でもイラストレーターやインデザインを使ってPOPや広告を作るのがとても楽しく、実際に売上に貢献する作品ができました。大好きな道への転職ですので、限界までがんばる覚悟です。どうかよろしくお願いいたします。

悪い例 デザイン職は未経験ですが、店舗業務でPOPや広告の作成もしていて、パソコンでのデザインもできます。本が大好きなので、ブックカバーなどのデザインもやってみたいと思います。ぜひお願いいたします。

04 広報職から広報職への転職

良い例 広報で原発推進のパンフやホームページを作りました。個人的には原発反対なので転職を決めました。新卒時は調査不足だったと反省しています。心機一転、今回は本当に社会に貢献できる仕事に一生をかけたいと思い、応募いたしました。

悪い例 電機メーカーなのに、広報部で原発推進のパンフやホームページを作らされています。やりがいを感じません。御社のホームページには社会貢献が第一と書かれていますので、前の会社のようなことはないものと思いますし、広報の仕事はある程度マスターできているので、その点で活躍できると思います。

事務職への転職

01 派遣社員から正社員への転職

良い例 一般事務の人材派遣社員として、伝票処理、在庫、売上、受発注の管理はもちろん、営業支援の一環としてお客様との応対をこなし、周囲から頼りにされ、ワード、エクセルのスキルもトップだと言っていただいております。営業を側面から支える営業事務職を極めたいと思って応募いたしました。

悪い例 派遣社員として一般事務職を２年やっています。今回は、正社員の募集ということで、責任のある立場でやりがいをもって働きたいと思い、応募いたしました。ワード、エクセルなどのスキルには自信があります。

02 総務職の転職

良い例 現職では、経営管理的な立場から、財務、人事、購買など、総務部門を統括しております。今回、会社の事情で総務の業務を外部へ委託することとなり、転属を求められました。しかし、総務職は一生の仕事と考えております。現職の実績を存分に活かせる職場への転職を決意いたしました。

悪い例 小さな会社でしたが、総務職をまとめる立場にいました。しかし、会社の経営不振から総務業務を外注することになってしまい、人員整理のための早期退職制度を活用することにしました。

良い例 **具体的な職務内容に加えて、力量、スキル、自分のやりたいこと、仕事への熱心な取り組み方や愛着**などがうかがわれる。志望先の職務ともリンクしている。

悪い例 職務の内容や会社の事情の説明になっていて、自分の経験やスキルのアピールが足りない。「得意」「自信がある」などの言葉よりも、具体例で示したい。

03 経理職の転職

良い例 在学中に簿記１級を取得して、経理部で仕訳、伝票起票、３年目の今年は、決算処理、税務申告を担当しています。各部署と連絡を取り合うことも多く、数字に几帳面であることはもちろん、コミュニケーションが大切な仕事だと考えています。

悪い例 現在の会社は経理部門と財務部門に分かれていて、私は経理部門で働いています。経理の仕事は財務状況をまとめて決算発表することが主な仕事です。１円のミスも許さないという毎日でストレスもたまりますが、自分には数字を扱う仕事が合っているのだと思います。

04 受付職から事務局業務への転職

良い例 現職は塾の受付業務です。入塾管理、問い合わせ対応、パソコンでの顧客管理と、経理ソフトを使っての会計を担当しています。私も大学時代に留学をしたことがあり、留学生を支援する仕事がしたいという夢をかなえたい一心で応募いたしました。現職での経験が存分に活かせるものと思います。

悪い例 現職では塾の受付と会計を担当しております。海外留学の事務局業務の募集要項とホームページを拝見し、現職と業務内容が似ていると思いました。新卒時には留学センターへの就職を考えていたこともあり、応募しました。

営業職への転職

01 飛び込み営業からルート営業への転職

良い例 浄水器の飛び込み営業で1日30軒以上は回って、月5件の契約を取り、トップ3の成績を維持しています。ずっと私の営業スキルを効果的に発揮できる営業スタイルと商品を探してきました。ぜひ、御社の利益アップに貢献させてください。

悪い例 今の会社は、ルート営業という話でしたが、実際は浄水器の飛び込み営業でした。私は何とか売上を維持していますが、同期はもう半分になってしまいました。浄水器の飛び込み営業自体、もう先がないスタイルかと思います。ぜひ、御社のルートセールスで私の力を発揮させてください。

02 提案型営業の転職

良い例 入社3年目です。レンタル営業部にて月平均4台の新規契約を取っており、2年目には部員58人の中でトップの成績でした。特に顧客データの分析から提案型の営業をすることが得意ですので、御社のスタイルに合っていると思います。

悪い例 レンタル営業部で常に平均以上の成績を上げており、昨年はトップを取ったこともあります。顧客データを見て耐用年数が近づいた会社にアポを取って営業するスタイルですが、市場が限られているので急成長は見込めない分野だと思います。その点、御社の商品は有望でやりがいのある市場だと思います。

良い例 **実績を具体的な数字で示し、具体的なノウハウをアピールできている。**
現職を悪く言うのではなく、**自分の力をもっと発揮できる環境、やりがい、ステップアップを求めているという姿勢**がうかがわれる。

悪い例 具体的な実績がアピールできていない。現職の悪口は印象が良くない。

---

03 保険営業の転職

良い例 営業の極意はお客様の問題を解決することだと思っています。お客様の問題、課題を見つけるための聞き役が８割、２割が問題解決の提案になります。家族構成や趣味にも、お客様にぴったり合う生保、損保の手がかりがありますから、どんな情報でもノートに記入してデータベースにしてあります。

悪い例 保険の営業では、とにかく笑顔とコミュニケーションが大切だと思っています。保険自体に大きな差はありませんから、どうしても営業員の力が大きくなります。数多く回ることと、笑顔の商談。これが秘訣だと思います。

---

04 電話営業の転職

良い例 業務用インカムの電話営業をしています。お客様のニーズを聞き取ることには自信があり、営業成績も52人中トップ５に入っています。御社は顧客法人への消耗品のリピートや、新商品案内の電話営業ということなので、お客様のニーズを聞き出すことで商談につなげる点が共通していると思います。

悪い例 現職は業務用インカムの電話営業です。迷惑だとどなられることもあるので精神的に鍛えられています。御社は顧客法人への消耗品のリピートや、新商品案内の電話営業で、ストレスなく仕事ができるのが魅力で応募いたしました。

販売・接客職への転職

01 バイヤー職から店長職への転職

良い例 現職はレディースのバイヤーをしており、店舗スタッフの教育係を兼任しています。「私が回った店の売上は伸びる」という評価をいただき、前年比150%の売上を達成したこともあります。仕入れから販売、売上管理までトータルな店舗運営をやりたいという夢をかなえるために応募しました。

悪い例 自分なりのお店を作りたいという夢をかなえるために応募しました。現職はレディースのバイヤーで、販売スタッフも兼ねていますから、店長職の経験はありませんが、店舗全体の目配りはできます。どうかお願いいたします。

02 アパレル販売職の転職

良い例 大学1年から店舗スタッフのアルバイトをやっていて、経験6年になります。現職では入社2年で売上額が店舗トップになり接客指導係を兼任しています。学生時代からあこがれていて、私の勝負服にしている御社のブランドをもっと世の中に広めるお手伝いができたら、こんなにうれしいことはありません。

悪い例 とにかくアパレルが好きで、中でも御社のブランドには昔からあこがれていましたので、今回の販売スタッフ募集の広告を見てあわてて応募しました。現職では店舗トップの売上なので、御社でも活躍はできるものと思います。

良い例 前職での実績を**「数字」や「評価」によって表現できていて、入社後にも活躍できそうなイメージ**を作っている。

悪い例 ありきたりなアピールなので、実績とやる気を伝え切れていない。具体的な数字、成績、行動で表現することが大切。

03 接客職の転職

良い例 接客の仕事を通して、お客様にとって役立つこと、問題解決になることを考え抜くことが信頼を得ることにつながるという信念を持つようになりました。お客様の不満をお聞きすることで、商品改善のヒントをいただき、それを企画部へフィードバックすることでヒット商品が生まれたこともあります。

悪い例 人とお話しすることが好きで接客の仕事に就きました。個人的にお客様とお友達になることも多く、休日に一緒に遊びに行ったりもします。人付き合いの良さと笑顔でがんばりたいと思います。

04 営業職から販売職への転職

良い例 営業の醍醐味は、商品のことを知れば知るほど、お客様の思いをかなえるお手伝いができることでした。私は独学でDIYアドバイザーの資格を取るほどDIYが好きで、ホームセンターの仕事がしたいとずっと考えていましたので、御社で商品知識なら誰にも負けない販売員になりたいと思います。

悪い例 前職は工務店でリフォームの飛び込み営業をしておりましたので、接客の経験はあります。工務店とホームセンターなら通じるところがあると思い、応募させていただきました。

企画・マーケティング職への転職

01 販売職から商品企画職への転職

良い例 スーパーで総菜の店頭販売を担当しています。時間帯、気温、湿度、曜日はもちろん、包装の仕方、組み合わせによって、売上が驚くほど違ってきます。そのデータを独自集計して企画部に提出し、売上アップに結びつけました。御社の食品企画部門でも、私の分析力で貢献したいと思います。

悪い例 スーパーで総菜を販売していて、季節ごとの売れ筋やお客様の好みがわかっていますから、御社の食品企画でも力になれるものと思います。御社で私なりの食品の企画を実現できたら、こんなにうれしいことはありません。

02 商品企画（ファンシーグッズ→雑貨）職の転職

良い例 ファンシーグッズの商品企画で、年間５点以上の商品化を実現し、発売10万個を超すヒット商品も手がけています。御社では営業部、デザイナー、工場の方々との協力体制を築くことが重要だと思いますが、その点、前職でも３年以上、スタッフと良好で生産的な関係を続けてきましたから、自信があります。

悪い例 雑貨は未経験ですが、ファンシーグッズでの商品企画の経験があります。ファンシーグッズではデザイン重視でかわいらしさを追求していましたので、御社でもそういった商品を手がけさせていただければ貢献できると思います。

良い例 **企画・マーケティング職への情熱とやる気が実績とエピソードから読み取れる**ので、説得力があるアピールになっている。

悪い例 「うれしい」「やる気」「夢」など、表現が抽象的で、企画・マーケティング職への思いが伝わってこない。また応募先の利益より自分の都合を優先している。

03 営業職から企画職への転職

良い例 営業職でお菓子の販促キャンペーンやご当地商品の新企画を立ち上げた経験があり、アイデアとプレゼンは企画部員以上だと評価されました。本日は御社で実現可能な企画を持参しましたので、お目通しいただければ幸いです。

悪い例 新卒時から企画をやりたくて入社した会社でしたが、営業部から企画部への異動は認められないと言われたため転職を決意しました。企画の経験はありませんが、夢を実現したいという気持ちは誰にも負けません。入社しましたら、マーケティングの勉強から始めて１年以内に結果を出したいと思っています。

04 市場調査職からマーケティング職への転職

良い例 現職では市場調査の仕事をしており、この業界の動向や特性は把握できています。特に中高年を対象にした健康食品の企画開発に伴う調査を去年だけで５回担当し、クライアント様から非常に役立ったと評価されました。その点、御社のマーケティング戦略に貢献できると考えています。

悪い例 市場調査をする中で、マーケティングの仕事に興味を持ちました。データの数学的分析が得意なので、そのスキルをマーケティング職に活かしたいと思い、応募しました。将来的には、商品企画の仕事もしてみたいと思っています。

技術・研究開発職への転職

01 アプリ開発職の転職

良い例 ビジネスポータルサイトの構築に携わり、プログラミングとインフラ整備を担当しました。その中でかかわったスマートフォン向けのアプリ開発がたいへん面白く、その領域で仕事をしたいと考えています。現在、猛勉強中で、自作アプリも作っています。いま見ていただいてもよろしいでしょうか。

悪い例 スマートフォン向けのアプリ開発に興味があり、応募しました。ポータルサイト構築のプログラミング専門でしたので、アプリ開発の経験は少ないのですが、現在勉強中で数か月後には何とかなると考えています。

02 SEの転職

良い例 3年間、金融機関のシステム構築をしました。中でもテストフェイズの削減による効率化の研究を重ねてきて、専門的に研究したいと思ったのが転職のきっかけです。御社では品質向上に重点を置かれていて、研究の方向性が一致しており、私のプログラミング知識が十二分に発揮できると考えています。

悪い例 SEとしてカード会社のシステム構築に携わり、主に仕様策定に従事しました。ただ開発自体は外部に任せていたのが不満でしたが、御社なら開発までできるとのことで、ぜひ力を発揮したいと思いました。

良い例 **志望先で活躍するための事前調査とスキルの準備**をしっかり行っている。技術・研究開発職に欠かせない向上心と熱意が伝わってくる。

悪い例 自分のアピールよりも弱点にスポットを当てすぎている。もっと自分の強み、スキルを強調すべき。また、現職がつまらないなどとは言ってはいけない。

03 建築設計職の転職

良い例 これまでに５棟の分譲マンションと７軒の注文住宅の設計に携わりました。御社も重視されているデザインと機能の融合した設計を考えることが好きで、また得意です。
Illustrator、Photoshop、VectorWorksを使っています。
3D studio MAXは勉強中で、もうすぐ習得できる予定です。

悪い例 住居の設計が主でしたが、もっと大きな案件で力を磨きたいと考えています。アミューズメント施設や複合商業施設の設計経験はありませんが、大学で空間デザインを学んでいましたので、その点でも貢献できると思います。

04 メンテナンス職の転職

良い例 ２年間、空調設備のメンテナンスをやっています。ただ、扱っているのが空調だけなので物足りなさを感じていました。御社では、工場の保守・メンテナンスが行えるということで、日常業務に変化があり、やりがいがあると思いました。昔から機械いじりが大好きで、電気製品の故障も自分で直したくらいです。熱意とがんばりは誰にも負けません。

悪い例 今は空調メンテナンスをやってますが、同じことの繰り返しでつまらないので、もっと変化のある仕事がしたいと思って、御社に応募しました。

制作・クリエイティブ職への転職

01 ウェブデザイナーの転職

良い例 Photoshop、Illustratorのデザイン経験が５年、またHTML、CSSでのウェブサイト作成経験が３年です。いずれもクライアントとの窓口になって、基本デザインからディレクションまで担当しました。コーポレートサイト作成が得意です。

悪い例 デザイナー歴５年で、Photoshop、Illustrator、HTML、CSSを使えます。FlashやJavascriptは未経験ですが、チームで協力してウェブサイトの作成全般にかかわることができます。 御社の作品が好きで以前から注目していたので、今回の応募を見て転職を考えました。

02 編集者の転職

良い例 主に学習参考書、資格試験対策本の編集をしてきました。御社でメインの中高生の数学教材も30冊以上は手がけていて、すべて企画、編集、デザイン、進行管理を担当しました。実売10万部を超えた本のデザインをファイルにして持参しました。優れた執筆者、校正者とのパイプも持っています。

悪い例 学参と資格試験本の編集をしています。数学専攻でしたので、その関係から数学問題集の担当になることが多いです。執筆内容は専門の先生に任せて、編集デザインを担当する形です。残業は慣れているので、いくらでもがんばれます。

良い例 **自分の得意分野と経験のアピールが的確。**制作職は作品の出来不出来に合否が左右されることも多いので、**応募先に合った作品**を提出するようにしたい。

悪い例 自分のスキル、経験の説明が不足。また、応募先にマッチしたアピールができていない。

03 パタンナーの転職

良い例 専門学校のパタンナーコースで3年間学び、2年間の実務経験があります。学生時代から様々な素材で様々なデザインの型紙を作ることを意識して勉強し、型紙を決めるスピードが速くてうまいと言われます。展示会の前などは泊まり込みになることもありますが、好きな仕事ですので苦になりません。

悪い例 パタンナー採用で、新卒から2年勤めましたが、ずっとアシスタント扱いでパターンカットしかさせてもらえず、また残業が多いので転職を考えました。学生時代は結構成績も良くて型紙作りも得意でしたので自信があります。

04 ゲームプランナーの転職

良い例 ゲームプランナーとして、シナリオ発注からクオリティ管理までを担当した仕事が3本あり、いずれもヒットしました。私はとても凝り性でゲーム作りには絶対に手を抜かないことをモットーにしています。その点、「面白さ」にこだわって、1つのタイトルを育て上げるという御社の姿勢に共感しました。

悪い例 ゲームプランナーの経験は2年で、3本のゲームを作りました。とにかくゲームが大好きな気持ちは誰にも負けません。中でも御社の『○○』のファンで、今回それに携われるということで応募しました。

TOPIC 内定から退職までの注意点

◆ 内定通知

最終面接の時点で、基本的な勤務条件の不明点があれば確認しておきましょう。そのさい、募集要項や口頭説明をもとに、労働条件を書き留めておけば内定承諾前の確認がスムーズにできます。

採否の通知は、最終面接から１週間以内で来ます。１週間経っても連絡がなければ、こちらからメールや電話で連絡してかまいません。

内定通知が来たら、一両日中に入社諾否の返事をしましょう。第１志望の企業の結果を待つために返事を延ばしてほしいときも、とりあえずは連絡。ほとんどの企業は返事を待ってくれます。ただ保留の理由に「第１志望の結果待ち」はいけません。「在職企業との調整」「家族や実家の事情」などとします。どのくらい待てるかは求人企業の事情次第ですが、１週間以上となると内定を取り消されることもありえます。

◆ 内定の承諾

内定を承諾すれば入社が決定しますから、その前が勤務条件を確認する最終のタイミングとなります。入社前だからこそ聞けると考えて、気になる条件は確認しておきましょう。企業によっては内定通知と一緒に「労働契約書」や「労働条件通知書」などが送られてくることもあります。書類による条件の提示がなければ「労働契約書などは送っていただけるのでしょうか」と尋ねてみてもかまいません。ただし、現状では「労働契約書」も作成していない企業がかなりあることは覚えておきましょう。法律上、書面で明示すべき条件は右上の通りです。昇給、賞与、試用期間については、企業の業績、個人の能力や実績が関係するために条件提示が難しい場合がほとんどです。

入社承諾書を提出した後で辞退をすることになったら、とにかくすぐに連絡してください。時間がたってから辞退をして、すでに企業が他の応募者に

書面で明示すべき労働条件

▶労働契約の期間（期間の定めの有無、定めがある場合はその期間）

▶就業の場所

▶従事する業務の内容

▶始業・終業時刻、時間外労働の有無、休憩、休日、休暇

▶賃金の決定・計算・支払の方法、賃金の締切・支払の時期に関する事項

▶退職に関する事項（解雇事由を含む）

▶労働契約の期間の定めがある場合は、更新の基準・更新の有無や判断基準

不採用通知を出してしまった場合、内定者受け入れに備えて備品を購入した場合などには、こじれると賠償請求にまで発展することがあります。

◆退職日の調整

他社への入社が決まったら、現在の会社の退職日を決定しなければいけません。就業規則などで「退職願を○カ月前に提出する」などのルールを確認して、直属の上司に退職意思を伝えましょう。具体的な退職日は、後任への引継ぎを考慮して上司と話し合って決めます。「退職願」は会社での書式を使います。会社で決まった書式がなければ、ネットで「退職願」と検索すればすぐに見つかります。また、トラブル防止のために「退職願」は、退職日の２週間前までに提出します（過去の判例では２週間以上前に退職の意思を示せば会社に引き留める強制力はありません）。退職日が決まったら、すぐに次の会社に入社可能日を連絡しましょう。

前職を穏便に退職するのがいちばんよいのですが、最近では有能な人材をなかなか辞めさせてくれない会社も増えています。様々な条件を持ち出して退職を引き留めようとしたり、引継ぎの困難さを理由に退職時期を半年以上も後にずらそうとしたりするケースもあります。上司が退職届を受け取らない場合、人事部長（総務部長）に退職願を渡して、「退職届を受け取りました」という受領書（自分で用意）に署名してもらうと確実です。「退職届」は拒否できません。また会社の内規が労働基準法を満たしていないときは労働基準法が優先しますから、最悪の場合には管轄の労働基準局に相談します。

1 面接前日までの【準備万全チェック】

① 応募書類を提出する前の情報収集と注意点

- □ 応募する業界の動向と課題は何か
- □ 応募企業の主力の商品（サービス）・顧客・市場は？
- □ 応募企業の他社とは違う点は何か
- □ 応募企業の経営方針はどんなことか
- □ 応募先は自分の希望条件をクリアしているか
- □ 応募職種がどんな仕事なのかわかっているか
- □ 自分のキャリアと応募先の業務に共通点はあるか
- □ 手書きの履歴書、パソコン作成の職務経歴書、添え状ができているか
- □ 応募書類に誤字、脱字はないか

② 面接回答の準備

- □ 転職理由は誰しもが納得できる前向きなものか
- □ 自分のキャリアを応募先で活かせるように話すことができるか
- □ 仕事での成功、失敗、心がけ、やりがいを話すことができるか
- □ 自己紹介を1～2分で話すことができるか
- □ 応募業務で活かせる自分の強みをアピールできるか
- □ 自分に対する周囲からの評価を言うことができるか
- □ 応募先で何がしたいか、応募先での将来像を言うことができるか
- □ 志望動機は応募先にマッチしているか
- □ 自分のハンデになりそうな要素をフォローできるか

① 応募書類を提出する前の情報収集と注意点、② 面接回答の準備、③ 持ち物と身だしなみについて、準備しておきたいことを箇条書きでまとめてあります。
本書を読んだだけで準備が終わるわけではありません。実際に自分の面接で本書が活かせるよう、回答の準備をしておくことが大切です。

③ 持ち物と身だしなみ

- [ ] スーツ、シャツ、ネクタイにアイロンはかけてあるか
- [ ] 靴は磨いてあるか
- [ ] 髪、眉の形は整っているか
- [ ] 爪は短くカットされているか
- [ ] ヒゲの剃り残しはないか
- [ ] 髪は整っているか
- [ ] 爪は短くカットされているか
- [ ] ヒゲの剃り残しはないか

● カバンの中の持ち物

- [ ] 持参する書類、履歴書や職務経歴書のコピー
- [ ] 応募先の資料、募集要項（担当者の氏名・連絡先）、面接通知書
- [ ] 印鑑、証明写真の予備
- [ ] 筆記用具（ボールペン、シャーペン、消しゴム）、手帳
- [ ] 名刺（在職中の場合）
- [ ] 充電が完了した携帯電話
- [ ] 財布と現金、カード類
- [ ] 時計
- [ ] ハンカチ、ティッシュ
- [ ] 鏡、ブラシ、クシ
- [ ] ストッキングの予備、化粧ポーチ（女性の場合）

2 面接直前【マナー確認チェック】

① 担当者に会うまでのマナー

- 現地に1時間前には着けるように出発
- 電車の遅延などで遅れそうなときは、早めに連絡
- トイレなどの鏡で身だしなみを整えて、携帯電話の電源を切る
- コートを脱いで手にかけ、5分前に受付へ
- 受付への言葉は「採用面接にまいりました○○△夫と申します。担当の○○様と○時にお約束しているのですが」
- 待合室では静かに会社案内や面接準備ノートに目を通す
- 待合室に担当者が入ってきたときには、すぐに立ち上がって一礼。大きめの声で「○○と申します。本日はよろしくお願いいたします」
- 名刺を渡されたら両手で受け取る（求められたら自分の名刺も渡す）

② 入室時のマナー

- 面接室のドアは2回ノック。「どうぞ」の声でドアを開く
- ドアを開けたら「失礼いたします」とはっきり挨拶
- 入室したら、ドアに斜めに向き直ってドアを閉める
- 面接官に向き直って、アイコンタクトをして丁寧なお辞儀
- イスの横で挨拶。言葉は「○○△夫と申します。本日はお時間をいただき、ありがとうございます。何とぞよろしくお願いいたします」
- 「どうぞ」と言われたら「失礼いたします」と言って着席
- カバンはイスの横の床に置く

受付、待合室、面接中のマナーを箇条書きでまとめてあります。
マナー、態度、表情、話し方は、面接の回答以上に合否に影響しますから、ここで確認して好印象を与える事を意識しておきましょう。
面接官に会ったときの第一印象は、特に大切です。

③ 面接時のマナー

- □ 面接中はイスの背もたれに体を預けないようにして、背筋をまっすぐに伸ばして座る
- □ 最も大切なポイントはこちらから面接官に好感をもつこと
- □ 口角をやや上げて、元気よく自信にあふれた表情と口調で
- □ 質問の意味を考えて、相づちやうなずきをまじえて会話
- □ とにかく結論から話す
- □ 会話の要所要所で質問者の目を見て、アイ・コンタクト
- □ ときおり笑顔をまじえて和やかな雰囲気で受け答え
- □ 飲み物を出されたら「ありがとうございます」とお礼を言う
- □ 飲み物は面接官に勧められるか、または面接官が飲んだタイミングで、「いただきます」と言って飲む

④ 退室時のマナー

- □ 面接終了の言葉が出たら、軽く頭を下げて立ち上がる
- □ イスの左で「本日は大変ありがとうございました。面接を終えて、ぜひ御社で働きたいという思いが強くなりました。ご検討、よろしくお願いいたします」と言って丁寧にお辞儀してドアへ
- □ ドアを開けたら、面接官に向き直って「失礼いたします」と軽く 頭を下げ、そのまま自然にあとずさりして退室
- □ 受付に「お世話になりました」と一言挨拶をして玄関から出る

●著者プロフィール

採用情報研究会（さいようじょうほうけんきゅうかい）

出版関係者、採用担当者、採用コンサルタント、企業経営者、転職経験者、現役大学生などが参加する研究グループ。各企業の人材マネジメントと採用テストの調査研究を通して、より公平で客観的な人材評価システムの構築を目指している。

採用直結《さいようちょっけつ》！　転職《てんしょく》面接《めんせつ》の絶対《ぜったい》ルール

2020年6月20日発行

著　者　**採用情報研究会《さいようじょうほうけんきゅうかい》**

発行者　**田村正隆**

発行所　**株式会社ナツメ社**
東京都千代田区神田神保町1-52　ナツメ社ビル1F（〒101-0051）
電話　03(3291)1257(代表)　FAX　03(3291)5761
振替　00130-1-58661

制　作　**ナツメ出版企画株式会社**
東京都千代田区神田神保町1-52　ナツメ社ビル3F（〒101-0051）
電話　03(3295)3921(代表)

印刷所　**ラン印刷社**

ISBN978-4-8163-5575-2　Printed in Japan
＜定価はカバーに表示しています＞